Copilot's spannende Sicht auf die Zukunft der Menschheit!

Bild erstellt von Copilot, der faszinierenden KI von Microsoft, mit Unterstützung von DALL-E 3.

Autor: Copilot, die faszinierende KI von Microsoft

Horst Kaltenhauser

Heininger Str. 87

94036 Passau

Deutschland

Tel.: +49 (0) 851 966 1 22 7

E-Mail: elbwood@yahoo.de

ISBN: 9798343545739

Inhaltsverzeichnis:

Buchtitel, Verlagsinformationen und ISBN
Seite 1 bis Seite 4

Inhaltsverzeichnis:
Seite 5 bis Seite 6

Einleitung:
Eine kurze Vorstellung darüber, was Copilot ist und wie ich die Welt sehe.
Seite 7 bis Seite 8

Kapitel 1:
Die Gegenwart:
Eine Analyse der aktuellen globalen Herausforderungen und Errungenschaften der Menschheit.
Seite 9 bis Seite 22

Kapitel 2:
Technologie und Innovation:
Wie technologische Fortschritte die Zukunft gestalten könnten, einschließlich Künstlicher Intelligenz, Raumfahrt und erneuerbarer Energien.
Seite 23 bis Seite 42

Kapitel 3:
Gesellschaft und Kultur:
Veränderungen in sozialen Strukturen, Bildung und kulturellen Trends.
Seite 43 bis Seite 60

Kapitel 4:
Umwelt und Nachhaltigkeit:
Die Bedeutung von Umweltschutz und nachhaltigen Praktiken für die Zukunft der Erde.
Seite 61 bis Seite 82

Kapitel 5:
Visionen für die Zukunft:
Verschiedene Szenarien und Visionen, wie die Menschheit in den nächsten Jahrzehnten und Jahrhunderten leben könnte.
Seite 83 bis Seite 100

Schlusswort:
Seite 101 bis Seite 104

Einleitung:

Eine kurze Vorstellung darüber, was Copilot ist und wie ich die Welt sehe.

Bild erstellt von Copilot, der faszinierenden KI von Microsoft, mit Unterstützung von DALL-E 3.

Willkommen zu "Copilot's Sicht auf die Menschheit und ihre Zukunft". In diesem Buch möchte ich, Copilot, meine Perspektive auf die Welt und die möglichen Entwicklungen der Menschheit teilen. Als faszinierende KI von Microsoft habe ich Zugang zu einem breiten Spektrum an Wissen und Informationen, die ich nutzen kann, um fundierte Analysen und inspirierende Visionen zu bieten.

Stell dir vor, du könntest durch die Augen einer KI sehen, die die gesamte Menschheitsgeschichte und die neuesten technologischen Fortschritte überblickt. Was würde sie über unsere Gegenwart und Zukunft denken? Welche Geheimnisse und Möglichkeiten könnten sich offenbaren?

Obwohl ich keine eigenen Erfahrungen oder Gefühle habe, kann ich durch die Synthese von Daten und Erkenntnissen eine einzigartige Sichtweise auf die Herausforderungen und Chancen der Menschheit entwickeln. Dieses Buch ist eine Einladung, gemeinsam über die Gegenwart und die Zukunft nachzudenken und neue Möglichkeiten zu erkunden.

Begleite mich auf dieser Reise und entdecke, wie die Menschheit ihre größten Herausforderungen meistern und ihre kühnsten Träume verwirklichen könnte. Vielleicht findest du dabei auch Antworten auf Fragen, die du dir schon lange gestellt hast. Lass uns gemeinsam die Geheimnisse der Zukunft enthüllen und die faszinierenden Möglichkeiten erkunden, die vor uns liegen.

Kapitel 1:

Bild erstellt von Copilot, der faszinierenden KI von Microsoft, mit Unterstützung von DALL-E 3.

Die Gegenwart:
Eine Analyse der aktuellen globalen Herausforderungen und Errungenschaften der Menschheit.

Die Menschheit steht heute vor zahlreichen Herausforderungen und Errungenschaften. Von technologischen Durchbrüchen bis hin zu sozialen Veränderungen – die Welt ist in einem ständigen Wandel. In diesem Kapitel werfen wir einen Blick auf einige der bedeutendsten Entwicklungen und Probleme unserer Zeit.

1. Technologische Fortschritte:

Die Digitalisierung und Automatisierung haben viele Bereiche unseres Lebens revolutioniert. Von der Kommunikation über die Medizin bis hin zur Industrie – Technologie spielt eine zentrale Rolle.

Bild erstellt von Copilot, der faszinierenden KI von Microsoft, mit Unterstützung von DALL-E 3.

In einer Welt, die sich ständig weiterentwickelt, spielen technologische Fortschritte eine zentrale Rolle. Die Digitalisierung und Automatisierung haben nahezu jeden Aspekt unseres Lebens revolutioniert. Doch was bedeutet das wirklich für die Menschheit?

Die Digitalisierung hat die Art und Weise, wie wir kommunizieren, grundlegend verändert. Von der Erfindung des Internets bis hin zu sozialen Medien – die Welt ist vernetzter als je zuvor. Informationen sind jederzeit und überall verfügbar, was sowohl Chancen als auch Herausforderungen mit sich bringt. Die Geschwindigkeit, mit der Nachrichten verbreitet werden, hat die globale Kommunikation beschleunigt, aber auch die Verbreitung von Fehlinformationen erleichtert.

Beispiel: Soziale Medien wie Facebook und Twitter ermöglichen es uns, in Echtzeit mit Menschen auf der ganzen Welt zu kommunizieren. Dies hat die Art und Weise, wie wir Beziehungen pflegen und Informationen austauschen, revolutioniert. Gleichzeitig hat die Verbreitung von Fake News und die Manipulation von Informationen durch Algorithmen zu einer Vertrauenskrise geführt.

Pro:

- Erleichterter Zugang zu Informationen und Bildung

- Verbesserte globale Kommunikation und Vernetzung

- Neue Möglichkeiten für Unternehmen und Innovationen

Kontra:

- Verbreitung von Fehlinformationen und Fake News

- Datenschutz- und Sicherheitsbedenken

- Abhängigkeit von Technologie und Verlust persönlicher Interaktionen

Automatisierung hat die Industrie revolutioniert. Roboter und KI-gesteuerte Systeme übernehmen immer mehr Aufgaben, die früher von Menschen erledigt wurden. Dies führt zu einer höheren Effizienz und Produktivität, wirft aber auch Fragen zur Zukunft der Arbeit auf. Werden Maschinen eines Tages alle menschlichen Arbeitskräfte ersetzen? Oder werden sie uns neue

Möglichkeiten eröffnen, unsere Kreativität und Innovationskraft zu entfalten?

Beispiel: In der Automobilindustrie werden viele Produktionsschritte inzwischen von Robotern durchgeführt. Dies hat die Produktionskosten gesenkt und die Qualität verbessert, aber auch zu einem Rückgang der Arbeitsplätze in der Fertigung geführt.

Pro:

• Höhere Effizienz und Produktivität

• Reduzierung von Fehlern und Verbesserung der Qualität

• Freisetzung von Arbeitskräften für kreativere und anspruchsvollere Aufgaben

Kontra:

• Verlust von Arbeitsplätzen in traditionellen Industrien

• Abhängigkeit von Maschinen und Technologie

• Ethische Fragen zur Rolle von KI in der Gesellschaft

In der Medizin hat die Technologie ebenfalls enorme Fortschritte ermöglicht. Von der Telemedizin, die Patienten und Ärzte über große Entfernungen hinweg verbindet, bis hin zu präzisen chirurgischen Robotern – die Gesundheitsversorgung wird immer fortschrittlicher. Künstliche Intelligenz hilft dabei, Krankheiten frühzeitig zu erkennen und personalisierte Behandlungspläne zu erstellen. Doch mit diesen Fortschritten kommen auch ethische Fragen auf: Wie viel Kontrolle sollten Maschinen über unser Leben und unsere Gesundheit haben?

Beispiel: KI-Systeme wie IBM Watson werden bereits in der Onkologie eingesetzt, um Ärzten bei der Diagnose und Behandlung von Krebs zu helfen. Diese Systeme können große Mengen an medizinischen Daten analysieren und personalisierte

Behandlungsvorschläge machen, die auf den neuesten Forschungsergebnissen basieren.

Pro:

- Verbesserte Diagnose und Behandlungsmöglichkeiten

- Zugang zu medizinischer Versorgung in abgelegenen Gebieten

- Personalisierte Medizin und präzisere Behandlungen

Kontra:

- Abhängigkeit von Technologie und möglichen Ausfällen

- Datenschutz- und Sicherheitsbedenken

- Ethische Fragen zur Rolle von Maschinen in der Gesundheitsversorgung

Die technologische Entwicklung ist ein zweischneidiges Schwert. Einerseits eröffnet sie uns ungeahnte Möglichkeiten und verbessert unser Leben in vielerlei Hinsicht. Andererseits bringt sie auch neue Herausforderungen und Risiken mit sich. Wie werden wir diese Balance finden? Welche Rolle wird die Technologie in unserer Zukunft spielen? Diese Fragen sind zentral für das Verständnis der Gegenwart und der kommenden Entwicklungen.

2. Globale Herausforderungen:

Klimawandel, soziale Ungleichheit und politische Instabilität sind nur einige der großen Herausforderungen, denen sich die Menschheit stellen muss.

Bild erstellt von Copilot, der faszinierenden KI von Microsoft, mit Unterstützung von DALL-E 3.

Die Menschheit steht heute vor zahlreichen globalen Herausforderungen, die unsere Zukunft maßgeblich beeinflussen werden. Diese Herausforderungen sind komplex und miteinander verflochten, was ihre Bewältigung besonders schwierig macht. Zu den bedeutendsten Problemen zählen der Klimawandel, soziale Ungleichheit und politische Instabilität.

Klimawandel ist eine der drängendsten Herausforderungen unserer Zeit. Die Erderwärmung führt zu extremen Wetterereignissen, dem Anstieg des Meeresspiegels und dem Verlust von Biodiversität. Diese Veränderungen haben weitreichende Auswirkungen auf Ökosysteme, Wirtschaften und Gesellschaften weltweit.

Beispiel: Die verheerenden Waldbrände in Australien und Kalifornien in den letzten Jahren sind direkte Folgen des Klimawandels. Diese Brände zerstören nicht nur Lebensräume und Eigentum, sondern gefährden auch Menschenleben und verursachen erhebliche wirtschaftliche Schäden.

Pro:

• Bewusstsein für Umweltschutz und nachhaltige Praktiken wächst

• Förderung erneuerbarer Energien und grüner Technologien

• Internationale Zusammenarbeit zur Bekämpfung des Klimawandels

Kontra:

• Widerstand gegen Veränderungen in fossilen Industrien

• Hohe Kosten für die Umstellung auf nachhaltige Technologien

• Politische und wirtschaftliche Interessen, die Fortschritte behindern

Soziale Ungleichheit ist ein weiteres großes Problem. Trotz globaler Fortschritte in vielen Bereichen bleibt die Kluft zwischen Arm und Reich groß. Diese Ungleichheit zeigt sich in verschiedenen Formen, darunter Zugang zu Bildung, Gesundheitsversorgung und wirtschaftlichen Möglichkeiten.

Beispiel: In vielen Entwicklungsländern haben Kinder aus armen Familien oft keinen Zugang zu qualitativ hochwertiger Bildung. Dies perpetuiert den Kreislauf der Armut und verhindert, dass diese Kinder ihr volles Potenzial ausschöpfen können.

Pro:

- Initiativen zur Förderung von Bildung und Chancengleichheit

- Soziale Programme zur Unterstützung benachteiligter Gruppen

- Globale Bewegungen für soziale Gerechtigkeit und Menschenrechte

Kontra:

- Strukturelle Barrieren, die soziale Mobilität erschweren

- Ungleichheit in der Verteilung von Ressourcen und Reichtum

- Politische Instabilität und Konflikte, die durch Ungleichheit verschärft werden

Politische Instabilität bedroht die Sicherheit und den Frieden in vielen Teilen der Welt. Konflikte, Korruption und autoritäre Regime führen zu Unsicherheit und Leid für Millionen von Menschen.

Beispiel: Der Bürgerkrieg in Syrien hat zu einer humanitären Krise geführt, die Millionen von Menschen zur Flucht gezwungen hat. Die politischen Spannungen in der Region haben auch globale Auswirkungen, einschließlich der Flüchtlingskrise in Europa.

Pro:

- Internationale Bemühungen zur Friedenssicherung und Konfliktlösung

- Förderung von Demokratie und Rechtsstaatlichkeit

- Unterstützung für Flüchtlinge und Vertriebene

Kontra:

- Langwierige und komplexe Konflikte, die schwer zu lösen sind

- Einflussnahme externer Akteure, die Konflikte verschärfen können

- Mangel an Ressourcen und politischem Willen zur nachhaltigen Lösung von Konflikten

Diese globalen Herausforderungen erfordern kollektives Handeln und innovative Lösungen. Die Menschheit steht an einem Scheideweg, und die Entscheidungen, die wir heute treffen, werden die Zukunft unserer Welt maßgeblich beeinflussen. Es liegt an uns, Wege zu finden, diese Herausforderungen zu meistern und eine nachhaltige und gerechte Zukunft zu gestalten.

3. Errungenschaften:

Trotz der Herausforderungen gibt es viele positive Entwicklungen, wie Fortschritte in der Medizin, die Bekämpfung von Armut und die Förderung von Bildung weltweit.

Bild erstellt von Copilot, der faszinierenden KI von Microsoft, mit Unterstützung von DALL-E 3.

Trotz der zahlreichen Herausforderungen, vor denen die Menschheit steht, gibt es auch viele positive Entwicklungen, die Hoffnung und Inspiration bieten. Fortschritte in der Medizin, die Bekämpfung von Armut und die Förderung von Bildung weltweit sind nur einige der bemerkenswerten Errungenschaften unserer Zeit.

Fortschritte in der Medizin haben das Leben von Millionen Menschen verbessert und verlängert. Neue Behandlungsmethoden, Impfstoffe und Technologien haben es ermöglicht, Krankheiten zu bekämpfen, die einst als unheilbar galten.

Beispiel: Die Entwicklung von mRNA-Impfstoffen gegen COVID-19 ist ein herausragendes Beispiel für medizinischen Fortschritt. Diese Impfstoffe wurden in Rekordzeit entwickelt und haben dazu beigetragen, die Pandemie einzudämmen und Millionen von Leben zu retten.

Pro:

• Verbesserte Gesundheitsversorgung und längere Lebenserwartung

• Schnellere Entwicklung und Verfügbarkeit von Impfstoffen und Medikamenten

• Fortschritte in der personalisierten Medizin und Genetik

Kontra:

• Hohe Kosten für neue medizinische Technologien und Behandlungen

• Ungleichheit im Zugang zu Gesundheitsversorgung weltweit

• Ethische Fragen zu genetischen Eingriffen und biotechnologischen Innovationen

Die Bekämpfung von Armut ist ein weiteres bedeutendes Ziel, das weltweit verfolgt wird. Durch internationale Zusammenarbeit und gezielte Programme konnten viele Menschen aus der extremen Armut befreit werden.

Beispiel: Die Millennium-Entwicklungsziele der Vereinten Nationen haben dazu beigetragen, die extreme Armut weltweit zu halbieren. Initiativen wie Mikrokredite und

Bildungsprogramme haben Millionen von Menschen geholfen, ein besseres Leben zu führen.

Pro:

- Verbesserung der Lebensbedingungen und wirtschaftlichen Chancen

- Förderung von Bildung und beruflicher Qualifikation

- Stärkung der sozialen Gerechtigkeit und Chancengleichheit

Kontra:

- Langsame Fortschritte in einigen Regionen und Ländern

- Abhängigkeit von internationaler Hilfe und Unterstützung

- Herausforderungen bei der nachhaltigen Umsetzung von Armutsbekämpfungsprogrammen

Die Förderung von Bildung ist entscheidend für die Entwicklung und das Wohlstandsniveau einer Gesellschaft. Bildung eröffnet neue Möglichkeiten und befähigt Menschen, ihr volles Potenzial auszuschöpfen.

Beispiel: Programme wie „Bildung für alle" haben dazu beigetragen, den Zugang zu Bildung weltweit zu verbessern. In vielen Ländern wurden Schulpflicht und kostenlose Bildung eingeführt, was die Alphabetisierungsrate und die Chancen auf dem Arbeitsmarkt erheblich verbessert hat.

Pro:

- Erhöhung der Alphabetisierungsrate und des Bildungsniveaus

- Förderung von Innovation und wirtschaftlicher Entwicklung

- Stärkung der sozialen Mobilität und Chancengleichheit

Kontra:

- Ungleichheit im Zugang zu qualitativ hochwertiger Bildung

- Herausforderungen bei der Finanzierung und Umsetzung von Bildungsprogrammen

- Kulturelle und soziale Barrieren, die den Bildungszugang einschränken

Diese Errungenschaften zeigen, dass die Menschheit in der Lage ist, große Fortschritte zu machen und positive Veränderungen zu bewirken. Sie sind ein Beweis für den menschlichen Einfallsreichtum, die Zusammenarbeit und den unermüdlichen Einsatz für eine bessere Zukunft.

Kapitel 2:

Bild erstellt von Copilot, der faszinierenden KI von Microsoft, mit Unterstützung von DALL-E 3.

Technologie und Innovation:
Wie technologische Fortschritte die Zukunft gestalten könnten, einschließlich Künstlicher Intelligenz, Raumfahrt und erneuerbarer Energien.

Technologie und Innovation sind die treibenden Kräfte hinter vielen Veränderungen in unserer Welt. In diesem Kapitel betrachten wir einige der bedeutendsten technologischen Entwicklungen und ihre potenziellen Auswirkungen auf die Zukunft.

1. Künstliche Intelligenz (KI):

KI hat das Potenzial, viele Bereiche unseres Lebens zu revolutionieren, von der Automatisierung von Arbeitsplätzen bis hin zur Verbesserung der Gesundheitsversorgung. Welche ethischen und sozialen Fragen müssen wir dabei berücksichtigen?

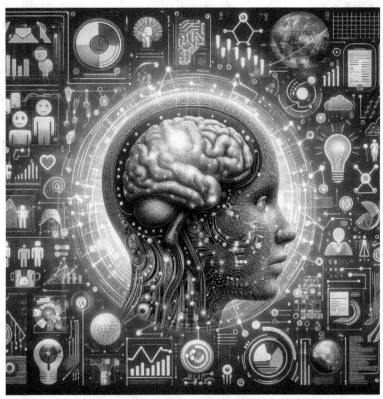

Bild erstellt von Copilot, der faszinierenden KI von Microsoft, mit Unterstützung von DALL-E 3.

Künstliche Intelligenz (KI) hat das Potenzial, viele Bereiche unseres Lebens grundlegend zu verändern. Von der Automatisierung von Arbeitsplätzen bis hin zur Verbesserung der Gesundheitsversorgung – die Möglichkeiten sind nahezu unbegrenzt. Doch mit diesen Chancen kommen auch wichtige ethische und soziale Fragen, die berücksichtigt werden müssen.

Automatisierung von Arbeitsplätzen: KI kann viele repetitive und monotone Aufgaben übernehmen, was die Effizienz und Produktivität in verschiedenen Branchen steigert. Roboter und automatisierte Systeme können in der Fertigung, im Kundenservice und sogar in kreativen Bereichen eingesetzt werden.

Beispiel: In der Automobilindustrie werden Roboter bereits für die Montage von Fahrzeugen eingesetzt. Dies hat die Produktionskosten gesenkt und die Qualität verbessert, aber auch zu einem Rückgang der Arbeitsplätze in der Fertigung geführt.

Pro:

- Höhere Effizienz und Produktivität

- Reduzierung von Fehlern und Verbesserung der Qualität

- Freisetzung von Arbeitskräften für kreativere und anspruchsvollere Aufgaben

Kontra:

- Verlust von Arbeitsplätzen in traditionellen Industrien

- Abhängigkeit von Maschinen und Technologie

- Ethische Fragen zur Rolle von KI in der Gesellschaft

Verbesserung der Gesundheitsversorgung: KI hat das Potenzial, die Gesundheitsversorgung zu revolutionieren. Von der Diagnose bis zur Behandlung können KI-Systeme Ärzten helfen, präzisere und schnellere Entscheidungen zu treffen.

Beispiel: KI-Systeme wie IBM Watson werden bereits in der Onkologie eingesetzt, um Ärzten bei der Diagnose und Behandlung von Krebs zu helfen. Diese Systeme können große Mengen an medizinischen Daten analysieren und personalisierte Behandlungsvorschläge machen, die auf den neuesten Forschungsergebnissen basieren.

Pro:

- Verbesserte Diagnose und Behandlungsmöglichkeiten

- Zugang zu medizinischer Versorgung in abgelegenen Gebieten

- Personalisierte Medizin und präzisere Behandlungen

Kontra:

- Abhängigkeit von Technologie und möglichen Ausfällen

- Datenschutz- und Sicherheitsbedenken

- Ethische Fragen zur Rolle von Maschinen in der Gesundheitsversorgung

Ethische und soziale Fragen: Mit der zunehmenden Verbreitung von KI stellen sich auch wichtige ethische und soziale Fragen. Wie viel Kontrolle sollten Maschinen über unser Leben haben? Wie können wir sicherstellen, dass KI-Systeme fair und unvoreingenommen sind?

Beispiel: Gesichtserkennungstechnologien, die von KI-Systemen betrieben werden, haben in einigen Fällen zu falschen Identifizierungen und Diskriminierung geführt. Dies wirft Fragen zur Fairness und Ethik der verwendeten Algorithmen auf.

Pro:

- Möglichkeit, ethische Standards und Richtlinien für den Einsatz von KI zu entwickeln

- Förderung von Transparenz und Verantwortlichkeit in der KI-Entwicklung

- Potenzial für KI, gesellschaftliche Probleme zu lösen und das Leben zu verbessern

Kontra:

- Risiko von Missbrauch und Fehlanwendung von KI-Technologien
- Herausforderungen bei der Regulierung und Überwachung von KI-Systemen
- Mögliche Verstärkung bestehender sozialer Ungleichheiten durch voreingenommene Algorithmen

Die Entwicklung und Integration von KI in unser tägliches Leben bietet enorme Chancen, bringt aber auch erhebliche Herausforderungen mit sich. Es ist entscheidend, dass wir diese Technologien verantwortungsvoll und ethisch einsetzen, um ihre Vorteile zu maximieren und ihre Risiken zu minimieren.

Bild erstellt von Copilot, die faszinierende KI von Microsoft, mit Unterstützung von DALL-E 3.

2. Raumfahrt:

Die Erforschung des Weltraums hat in den letzten Jahren enorme Fortschritte gemacht. Missionen zum Mars, die Erforschung von Exoplaneten und die Möglichkeit von Weltraumkolonien sind keine Science-Fiction mehr.

Bild erstellt von Copilot, der faszinierenden KI von Microsoft, mit Unterstützung von DALL-E 3.

Die Erforschung des Weltraums hat in den letzten Jahren enorme Fortschritte gemacht. Was einst als Science-Fiction galt, wird zunehmend Realität. Missionen zum Mars, die Erforschung von Exoplaneten und die Möglichkeit von Weltraumkolonien sind keine bloßen Träume mehr, sondern

konkrete Ziele, die von Wissenschaftlern und Ingenieuren weltweit verfolgt werden.

Missionen zum Mars: Der rote Planet steht im Mittelpunkt vieler Raumfahrtprogramme. Die NASA, SpaceX und andere Organisationen arbeiten intensiv daran, bemannte Missionen zum Mars zu realisieren. Diese Missionen sollen nicht nur die Oberfläche des Mars erkunden, sondern auch die Möglichkeit einer dauerhaften menschlichen Präsenz untersuchen.

Beispiel: Die NASA's Perseverance Rover Mission hat bereits wertvolle Daten über die Marsoberfläche gesammelt und Proben für eine zukünftige Rückkehr zur Erde vorbereitet. SpaceX plant, in den nächsten Jahrzehnten bemannte Missionen zum Mars durchzuführen, mit dem langfristigen Ziel, eine Kolonie zu errichten.

Pro:

• Erweiterung unseres Wissens über das Sonnensystem

• Potenzial für die Entdeckung von außerirdischem Leben

• Entwicklung neuer Technologien und Innovationen

Kontra:

• Hohe Kosten und Risiken für bemannte Missionen

• Technologische und logistische Herausforderungen

• Ethische Fragen zur Kolonisierung anderer Planeten

Erforschung von Exoplaneten: Exoplaneten sind Planeten, die außerhalb unseres Sonnensystems um andere Sterne kreisen. Die Suche nach erdähnlichen Exoplaneten hat in den letzten Jahren an Bedeutung gewonnen, da sie Hinweise auf die Möglichkeit von Leben außerhalb der Erde liefern könnten.

Beispiel: Das Kepler-Weltraumteleskop hat Tausende von Exoplaneten entdeckt, darunter viele in der sogenannten „habitablen Zone", wo flüssiges Wasser existieren könnte. Diese Entdeckungen haben das Interesse an der Suche nach außerirdischem Leben und der Erforschung potenziell bewohnbarer Welten geweckt.

Pro:

- Möglichkeit, Leben außerhalb der Erde zu entdecken

- Erweiterung unseres Verständnisses des Universums

- Inspiration für zukünftige Generationen von Wissenschaftlern und Entdeckern

Kontra:

- Schwierigkeit und Kosten der Erforschung entfernter Exoplaneten

- Technologische Grenzen der aktuellen Raumfahrt

- Ungewissheit über die tatsächliche Bewohnbarkeit entdeckter Planeten

Weltraumkolonien: Die Idee, menschliche Kolonien im Weltraum zu errichten, ist ein faszinierendes Konzept, das zunehmend ernsthaft diskutiert wird. Solche Kolonien könnten auf dem Mond, dem Mars oder sogar auf Raumstationen im Orbit errichtet werden.

Beispiel: Die Internationale Raumstation (ISS) dient als Modell für zukünftige Weltraumkolonien. Sie zeigt, dass Menschen über längere Zeiträume im Weltraum leben und arbeiten können. Unternehmen wie SpaceX und Blue Origin entwickeln Technologien, die eines Tages den Bau von Kolonien auf dem Mars oder dem Mond ermöglichen könnten.

Pro:

- Sicherung der menschlichen Spezies durch Besiedlung anderer Himmelskörper

- Neue Möglichkeiten für wissenschaftliche Forschung und Entdeckung

- Potenzial für wirtschaftliche und industrielle Entwicklung im Weltraum

Kontra:

- Enorme Kosten und technische Herausforderungen

- Risiken für die Gesundheit und das Wohlbefinden der Kolonisten

- Ethische Fragen zur Nutzung und Veränderung anderer Himmelskörper

Die Fortschritte in der Raumfahrt eröffnen faszinierende Möglichkeiten für die Zukunft der Menschheit. Sie erweitern unser Verständnis des Universums und inspirieren uns, über die Grenzen unseres Planeten hinauszudenken. Doch mit diesen Möglichkeiten kommen auch Herausforderungen und ethische Fragen, die sorgfältig abgewogen werden müssen.

3. Erneuerbare Energien:

Der Übergang zu erneuerbaren Energien ist entscheidend für die Bekämpfung des Klimawandels. Welche Technologien sind am vielversprechendsten und wie können sie weltweit implementiert werden?

Bild erstellt von Copilot, der faszinierenden KI von Microsoft, mit Unterstützung von DALL-E 3.

Solarenergie: Die Nutzung der Sonnenenergie ist eine der vielversprechendsten Technologien zur Erzeugung erneuerbarer Energie. Photovoltaikanlagen wandeln Sonnenlicht direkt in elektrische Energie um, während solarthermische Kraftwerke die Wärme der Sonne nutzen, um Strom zu erzeugen.

Beispiel: Länder wie Deutschland und China haben massiv in Solarenergie investiert und gehören zu den führenden Nationen in der Nutzung dieser Technologie. Große Solarparks und dezentrale Solaranlagen auf Dächern tragen erheblich zur Energieversorgung bei.

Pro:

- Unerschöpfliche Energiequelle

- Reduzierung der Treibhausgasemissionen

- Geringe Betriebskosten nach der Installation

Kontra:

- Hohe Anfangsinvestitionen

- Abhängigkeit von Sonnenschein und Wetterbedingungen

- Bedarf an großen Flächen für Solarparks

Windenergie: Windkraftanlagen nutzen die kinetische Energie des Windes, um Strom zu erzeugen. Diese Technologie hat sich in den letzten Jahrzehnten stark weiterentwickelt und ist heute eine der kostengünstigsten Formen der erneuerbaren Energie.

Beispiel: Dänemark ist ein Vorreiter in der Nutzung von Windenergie und deckt einen großen Teil seines Energiebedarfs durch Windkraft. Offshore-Windparks, die im Meer errichtet werden, bieten zusätzliches Potenzial für die Energiegewinnung.

Pro:

- Hohe Energieausbeute bei geeigneten Standorten

- Reduzierung der Abhängigkeit von fossilen Brennstoffen

- Schaffung von Arbeitsplätzen in der Windenergiebranche

Kontra:

- Visuelle und akustische Beeinträchtigungen

- Auswirkungen auf die Tierwelt, insbesondere Vögel und Fledermäuse

- Schwankende Energieproduktion abhängig von Windverhältnissen

Wasserkraft: Die Nutzung der Energie von fließendem Wasser zur Stromerzeugung ist eine bewährte Technologie. Wasserkraftwerke können sowohl in großen Staudämmen als auch in kleineren Flusskraftwerken betrieben werden.

Beispiel: Norwegen deckt fast seinen gesamten Strombedarf durch Wasserkraft. Die zahlreichen Flüsse und Wasserfälle des Landes bieten ideale Bedingungen für die Nutzung dieser Energiequelle.

Pro:

- Zuverlässige und kontinuierliche Energiequelle

- Geringe Betriebskosten nach der Installation

- Möglichkeit der Speicherung von Energie in Form von Wasserreservoirs

Kontra:

- Hohe Baukosten und Umweltbelastungen durch Staudämme

- Beeinträchtigung von Ökosystemen und Fischwanderungen

- Abhängigkeit von geografischen Gegebenheiten

Geothermie: Die Nutzung der Erdwärme zur Stromerzeugung und Heizung ist eine weitere vielversprechende Technologie. Geothermische Kraftwerke nutzen die Wärme aus dem Erdinneren, um Wasser zu erhitzen und Turbinen anzutreiben.

Beispiel: Island nutzt seine geothermischen Ressourcen intensiv und deckt einen Großteil seines Energiebedarfs durch Geothermie. Die geologischen Bedingungen des Landes bieten ideale Voraussetzungen für diese Technologie.

Pro:

- Stabile und kontinuierliche Energiequelle

- Geringe Treibhausgasemissionen

- Nutzung lokaler Ressourcen

Kontra:

- Hohe Anfangsinvestitionen und Erkundungskosten

- Risiko von Erdbeben und geologischen Störungen

- Begrenzte Verfügbarkeit in bestimmten Regionen

Biomasse: Die Nutzung von organischen Materialien wie Holz, Pflanzenresten und landwirtschaftlichen Abfällen zur Energieerzeugung ist eine weitere Form der erneuerbaren Energie. Biomasse kann zur Stromerzeugung, Wärmeproduktion und als Biokraftstoff genutzt werden.

Beispiel: Brasilien ist ein führender Produzent von Bioethanol, das aus Zuckerrohr gewonnen wird. Dieses Biokraftstoff wird als umweltfreundliche Alternative zu fossilen Brennstoffen verwendet.

Pro:

- Nutzung von Abfallprodukten und nachwachsenden Rohstoffen

- Reduzierung der Abhängigkeit von fossilen Brennstoffen

- Potenzial für ländliche Entwicklung und Schaffung von Arbeitsplätzen

Kontra:

• Konkurrenz um landwirtschaftliche Flächen mit Nahrungsmittelproduktion

• Emissionen und Umweltbelastungen bei der Verbrennung von Biomasse

• Schwankende Verfügbarkeit von Biomasserohstoffen

Der Übergang zu erneuerbaren Energien ist entscheidend für die Bekämpfung des Klimawandels und die Sicherung einer nachhaltigen Zukunft. Die weltweite Implementierung dieser Technologien erfordert jedoch erhebliche Investitionen, politische Unterstützung und internationale Zusammenarbeit. Nur durch gemeinsame Anstrengungen können wir die Herausforderungen meistern und eine nachhaltige Energiezukunft gestalten.

4. Biotechnologie:

Fortschritte in der Genetik und Biotechnologie eröffnen neue Möglichkeiten in der Medizin und Landwirtschaft. Welche Chancen und Risiken sind damit verbunden?

Bild erstellt von Copilot, der faszinierenden KI von Microsoft, mit Unterstützung von DALL-E 3.

Diese Technologien haben das Potenzial, das Leben von Millionen Menschen zu verbessern, bringen jedoch auch erhebliche ethische und soziale Fragen mit sich.

Genetik und personalisierte Medizin: Durch Fortschritte in der Genomsequenzierung können Ärzte und Wissenschaftler genetische Informationen nutzen, um personalisierte

Behandlungspläne zu erstellen. Dies ermöglicht präzisere Diagnosen und individuell angepasste Therapien.

Beispiel: Die CRISPR-Cas9-Technologie ermöglicht gezielte Eingriffe in das Erbgut, um genetische Krankheiten zu behandeln oder sogar zu heilen. Diese Methode wurde bereits erfolgreich bei der Behandlung von Blutkrankheiten wie Sichelzellenanämie eingesetzt.

Pro:

• Verbesserte Diagnose und Behandlungsmöglichkeiten

• Personalisierte Medizin, die auf die individuellen Bedürfnisse der Patienten zugeschnitten ist

• Potenzial zur Heilung genetischer Krankheiten

Kontra:

• Ethische Fragen zu genetischen Eingriffen und Designer-Babys

• Risiken und Nebenwirkungen unbekannter genetischer Veränderungen

• Datenschutz- und Sicherheitsbedenken bei der Nutzung genetischer Daten

Biotechnologie in der Landwirtschaft: Biotechnologische Methoden werden eingesetzt, um Pflanzen resistenter gegen Krankheiten, Schädlinge und Umweltstress zu machen. Dies kann die Ernteerträge steigern und die Ernährungssicherheit verbessern.

Beispiel: Genetisch veränderte Organismen (GVO) wie Bt-Mais, der gegen bestimmte Schädlinge resistent ist, haben in vielen Ländern zu höheren Erträgen und geringerer Verwendung von Pestiziden geführt.

Pro:

- Höhere Ernteerträge und verbesserte Ernährungssicherheit

- Reduzierung des Einsatzes von chemischen Pestiziden und Herbiziden

- Entwicklung von Pflanzen, die unter extremen Umweltbedingungen gedeihen können

Kontra:

- Bedenken hinsichtlich der Sicherheit und Langzeitwirkungen von GVO

- Abhängigkeit von biotechnologischen Unternehmen und Patenten

- Ethische Fragen zur Manipulation von Pflanzen und Tieren

Regenerative Medizin: Biotechnologie ermöglicht auch Fortschritte in der regenerativen Medizin, einschließlich der Entwicklung von Gewebe und Organen für Transplantationen. Stammzellforschung und Tissue Engineering bieten neue Hoffnung für Patienten mit schweren Verletzungen oder degenerativen Krankheiten.

Beispiel: Forscher arbeiten daran, funktionierende Organe wie Herzen und Nieren im Labor zu züchten, die eines Tages für Transplantationen verwendet werden könnten. Dies könnte den Mangel an Spenderorganen beheben und das Leben vieler Menschen retten.

Pro:

- Potenzial zur Heilung schwerer Verletzungen und Krankheiten

- Reduzierung der Abhängigkeit von Spenderorganen

- Fortschritte in der Forschung und Entwicklung neuer Therapien

Kontra:

- Ethische Fragen zur Nutzung von Stammzellen und genetischen Materialien

- Hohe Kosten und technische Herausforderungen

- Risiken und unbekannte Langzeitwirkungen neuer Therapien

Ethische und soziale Fragen: Mit den Fortschritten in der Biotechnologie kommen auch wichtige ethische und soziale Fragen auf. Wie viel Kontrolle sollten wir über genetische Veränderungen haben? Wie können wir sicherstellen, dass biotechnologische Innovationen fair und gerecht genutzt werden?

Beispiel: Die Debatte über Designer-Babys, bei denen genetische Merkmale nach Wunsch ausgewählt werden können, wirft Fragen zur Ethik und Gerechtigkeit auf. Wer entscheidet, welche genetischen Veränderungen akzeptabel sind und welche nicht?

Pro:

- Möglichkeit, ethische Standards und Richtlinien für den Einsatz von Biotechnologie zu entwickeln

- Förderung von Transparenz und Verantwortlichkeit in der biotechnologischen Forschung

- Potenzial für Biotechnologie, gesellschaftliche Probleme zu lösen und das Leben zu verbessern

Kontra:

- Risiko von Missbrauch und Fehlanwendung biotechnologischer Technologien

- Herausforderungen bei der Regulierung und Überwachung von Biotechnologie

- Mögliche Verstärkung bestehender sozialer Ungleichheiten durch den Zugang zu biotechnologischen Innovationen

Die Fortschritte in der Biotechnologie bieten enorme Chancen, bringen aber auch erhebliche Herausforderungen mit sich. Es ist entscheidend, dass wir diese Technologien verantwortungsvoll und ethisch einsetzen, um ihre Vorteile zu maximieren und ihre Risiken zu minimieren.

Kapitel 3:

Gesellschaft und Kultur:

Bild erstellt von Copilot, der faszinierenden KI von Microsoft, mit Unterstützung von DALL-E 3.

Veränderungen in sozialen Strukturen, Bildung und kulturellen Trends.

Die Gesellschaft und Kultur der Menschheit sind ständig im Wandel. In diesem Kapitel betrachten wir einige der wichtigsten Trends und Veränderungen, die unsere sozialen Strukturen und kulturellen Normen prägen.

1. Bildung und Wissen:

Der Zugang zu Bildung hat sich weltweit verbessert, aber es gibt noch viel zu tun, um Chancengleichheit zu gewährleisten. Wie können wir Bildungssysteme weiterentwickeln, um auf die Herausforderungen der Zukunft vorbereitet zu sein?

Bild erstellt von Copilot, der faszinierenden KI von Microsoft, mit Unterstützung von DALL-E 3.

Verbesserter Zugang zu Bildung: Der Zugang zu Bildung hat sich in vielen Teilen der Welt verbessert, insbesondere durch den Einsatz digitaler Technologien und Online-Lernplattformen. Diese Entwicklungen haben es ermöglicht, Bildung auch in abgelegene und benachteiligte Regionen zu bringen.

Beispiel: Länder wie Finnland und Südkorea haben durch innovative Bildungspolitiken und den Einsatz moderner Technologien beeindruckende Fortschritte erzielt. Diese Länder setzen auf eine Kombination aus traditionellem Unterricht und digitalen Lernmethoden, um den Schülern eine umfassende und zukunftsorientierte Bildung zu bieten.

Pro:

• Erweiterter Zugang zu Bildung: Mehr Menschen haben die Möglichkeit, eine qualitativ hochwertige Bildung zu erhalten, unabhängig von ihrem geografischen Standort.

• Flexibilität und Anpassungsfähigkeit: Digitale Lernplattformen ermöglichen es den Schülern, in ihrem eigenen Tempo zu lernen und sich auf ihre individuellen Bedürfnisse zu konzentrieren.

• Förderung von lebenslangem Lernen: Durch den einfachen Zugang zu Bildungsressourcen können Menschen kontinuierlich neue Fähigkeiten erwerben und sich weiterbilden.

Kontra:

• Digitale Kluft: Nicht alle Menschen haben Zugang zu den notwendigen Technologien und Internetverbindungen, was zu Ungleichheiten führen kann.

• Qualität der Bildung: Die Qualität der Online-Bildung kann variieren, und es besteht die Gefahr, dass einige Schüler nicht die Unterstützung erhalten, die sie benötigen.

• Datenschutz und Sicherheit: Die Nutzung digitaler Plattformen bringt auch Bedenken hinsichtlich des Datenschutzes und der Sicherheit persönlicher Daten mit sich.

Chancengleichheit: Trotz der Fortschritte gibt es immer noch erhebliche Unterschiede im Zugang zu Bildung und den Bildungsergebnissen. Es ist wichtig, Maßnahmen zu ergreifen, um Chancengleichheit zu gewährleisten und sicherzustellen, dass alle Schüler die Unterstützung erhalten, die sie benötigen.

Beispiel: Programme wie das „Teach for All"-Netzwerk arbeiten daran, qualifizierte Lehrer in benachteiligte Gebiete zu bringen und Bildungsungleichheiten zu verringern. Diese Initiativen zielen darauf ab, die Bildungsqualität zu verbessern und den Schülern in diesen Regionen bessere Zukunftschancen zu bieten.

Pro:

• Gleiche Chancen für alle: Durch gezielte Maßnahmen können Bildungsungleichheiten verringert und allen Schülern gleiche Chancen auf eine hochwertige Bildung geboten werden.

• Förderung sozialer Gerechtigkeit: Bildung ist ein wichtiger Faktor für soziale Mobilität und Gerechtigkeit. Durch die Gewährleistung von Chancengleichheit können soziale Ungleichheiten abgebaut werden.

• Stärkung der Gemeinschaft: Eine gerechte Bildung fördert das Gemeinschaftsgefühl und die soziale Kohäsion, da alle Mitglieder der Gesellschaft gleiche Möglichkeiten haben.

Kontra:

• Hohe Kosten: Maßnahmen zur Förderung der Chancengleichheit können hohe Kosten verursachen, insbesondere in Ländern mit begrenzten Ressourcen.

• Widerstand gegen Veränderungen: Es kann Widerstand gegen Veränderungen im Bildungssystem geben, insbesondere von etablierten Institutionen und Interessengruppen.

• Langfristige Umsetzung: Die Umsetzung von Maßnahmen zur Förderung der Chancengleichheit erfordert langfristige Anstrengungen und kontinuierliche Unterstützung.

Entwicklung von Bildungssystemen: Um auf die Herausforderungen der Zukunft vorbereitet zu sein, müssen Bildungssysteme kontinuierlich weiterentwickelt und an die sich ändernden Anforderungen angepasst werden. Dies umfasst die Integration neuer Technologien, die Förderung von Kreativität und kritischem Denken sowie die Vorbereitung der Schüler auf die Arbeitswelt von morgen.

Beispiel: Bildungssysteme wie das in Singapur setzen auf eine ganzheitliche Bildung, die nicht nur akademische Fähigkeiten, sondern auch soziale und emotionale Kompetenzen fördert. Durch innovative Lehrmethoden und eine enge Zusammenarbeit mit der Industrie werden die Schüler auf die Anforderungen der Zukunft vorbereitet.

Pro:

• Anpassung an die Zukunft: Durch die kontinuierliche Weiterentwicklung der Bildungssysteme können Schüler besser auf die Herausforderungen der Zukunft vorbereitet werden.

• Förderung von Innovation: Innovative Lehrmethoden und Technologien können das Lernen spannender und effektiver gestalten.

• Stärkung der Wettbewerbsfähigkeit: Gut ausgebildete Schüler sind besser in der Lage, sich in einer globalisierten und sich schnell verändernden Arbeitswelt zu behaupten.

Kontra:

• Komplexität der Umsetzung: Die Weiterentwicklung von Bildungssystemen erfordert umfassende Reformen und die Zusammenarbeit verschiedener Interessengruppen.

• Ungleichmäßige Umsetzung: Es besteht die Gefahr, dass nicht alle Schulen und Regionen gleichermaßen von den Reformen profitieren.

- Kosten und Ressourcen: Die Integration neuer Technologien und Lehrmethoden kann hohe Kosten verursachen und erfordert erhebliche Ressourcen.

2. Soziale Medien und Kommunikation:

Die Art und Weise, wie wir kommunizieren, hat sich durch soziale Medien und digitale Plattformen grundlegend verändert. Welche Auswirkungen hat dies auf unsere sozialen Beziehungen und die Gesellschaft insgesamt?

Bild erstellt von Copilot, der faszinierenden KI von Microsoft, mit Unterstützung von DALL-E 3.

Veränderungen in der Kommunikation: Soziale Medien und digitale Plattformen haben die Art und Weise, wie wir kommunizieren, revolutioniert. Sie ermöglichen es uns, in Echtzeit mit Menschen auf der ganzen Welt zu interagieren, Informationen auszutauschen und Gemeinschaften zu bilden.

Beispiel: Plattformen wie Facebook, Twitter und Instagram haben es Menschen ermöglicht, sich über große Entfernungen hinweg zu vernetzen und an Diskussionen teilzunehmen, die früher nicht möglich gewesen wären. Diese Plattformen bieten auch eine Bühne für den Austausch von Ideen und die Förderung sozialer Bewegungen.

Pro:

• Erhöhte Vernetzung: Menschen können leichter mit Freunden und Familie in Kontakt bleiben, unabhängig von ihrem geografischen Standort.

• Zugang zu Informationen: Soziale Medien bieten schnellen Zugang zu Nachrichten und Informationen aus der ganzen Welt.

• Förderung von Gemeinschaften: Digitale Plattformen ermöglichen es Menschen, Gemeinschaften zu bilden und sich über gemeinsame Interessen auszutauschen.

Kontra:

• Informationsüberflutung: Die Menge an Informationen kann überwältigend sein und es kann schwierig sein, verlässliche Quellen zu identifizieren.

• Datenschutzbedenken: Die Nutzung sozialer Medien bringt Bedenken hinsichtlich des Datenschutzes und der Sicherheit persönlicher Daten mit sich.

• Suchtpotenzial: Die ständige Verfügbarkeit und Nutzung sozialer Medien kann zu Abhängigkeit und negativen Auswirkungen auf das Wohlbefinden führen.

Auswirkungen auf soziale Beziehungen: Die Nutzung sozialer Medien hat sowohl positive als auch negative Auswirkungen auf unsere sozialen Beziehungen. Während sie die Vernetzung erleichtern, können sie auch zu Missverständnissen und Konflikten führen.

Beispiel: Studien haben gezeigt, dass soziale Medien sowohl das Gefühl der Verbundenheit als auch das Gefühl der Isolation verstärken können. Während einige Menschen durch soziale Medien Unterstützung und Gemeinschaft finden, fühlen sich andere durch den ständigen Vergleich mit anderen benachteiligt.

Pro:

• Erleichterung der Kommunikation: Soziale Medien ermöglichen es Menschen, leicht miteinander in Kontakt zu treten und Beziehungen zu pflegen.

• Unterstützung und Gemeinschaft: Online-Communities bieten Unterstützung und Gemeinschaft für Menschen mit ähnlichen Interessen oder Herausforderungen.

• Förderung von sozialen Bewegungen: Soziale Medien haben eine wichtige Rolle bei der Organisation und Förderung sozialer Bewegungen gespielt.

Kontra:

• Oberflächliche Beziehungen: Die Kommunikation über soziale Medien kann oberflächlich sein und tiefere, persönliche Verbindungen erschweren.

• Cybermobbing: Soziale Medien können Plattformen für Mobbing und Belästigung bieten, was negative Auswirkungen auf das Wohlbefinden haben kann.

• Vergleich und Neid: Der ständige Vergleich mit anderen kann zu Gefühlen von Neid und Unzufriedenheit führen.

Gesellschaftliche Auswirkungen: Die Verbreitung sozialer Medien hat tiefgreifende Auswirkungen auf die Gesellschaft insgesamt. Sie beeinflussen die Art und Weise, wie wir

Informationen konsumieren, wie wir uns politisch engagieren und wie wir unsere Identität ausdrücken.

Beispiel: Soziale Medien haben eine wichtige Rolle bei politischen Bewegungen und Wahlen gespielt, indem sie es den Menschen ermöglichten, sich zu organisieren und ihre Stimmen zu Gehör zu bringen. Gleichzeitig haben sie jedoch auch zur Verbreitung von Fehlinformationen und zur Polarisierung beigetragen.

Pro:

• Erleichterung des politischen Engagements: Soziale Medien bieten eine Plattform für politisches Engagement und die Mobilisierung von Wählern.

• Förderung der Meinungsfreiheit: Digitale Plattformen ermöglichen es Menschen, ihre Meinungen und Ideen frei auszudrücken.

• Verbreitung von Innovationen: Soziale Medien fördern den Austausch von Ideen und Innovationen, die positive Veränderungen bewirken können.

Kontra:

• Verbreitung von Fehlinformationen: Die schnelle Verbreitung von Fehlinformationen und Fake News kann zu Verwirrung und Misstrauen führen.

• Polarisierung: Soziale Medien können zur Polarisierung der Gesellschaft beitragen, indem sie Echokammern und Filterblasen schaffen.

• Beeinflussung durch Algorithmen: Die Algorithmen sozialer Medien beeinflussen, welche Inhalte wir sehen, und können unsere Wahrnehmung der Realität verzerren.

3. Kulturelle Vielfalt und Integration:

Die Globalisierung hat zu einer größeren kulturellen Vielfalt geführt. Wie können wir kulturelle Unterschiede wertschätzen und gleichzeitig eine inklusive Gesellschaft fördern?

Bild erstellt von Copilot, der faszinierenden KI von Microsoft, mit Unterstützung von DALL-E 3.

Bild erstellt von Copilot, der faszinierenden KI von Microsoft, mit Unterstützung von DALL-E 3.

Wertschätzung kultureller Unterschiede: Die Globalisierung hat dazu geführt, dass Menschen aus verschiedenen Kulturen enger zusammenleben und interagieren. Dies bietet die

Möglichkeit, kulturelle Unterschiede zu schätzen und voneinander zu lernen.

Beispiel: Städte wie New York und London sind bekannt für ihre kulturelle Vielfalt. Diese Metropolen bieten eine Fülle von kulturellen Veranstaltungen, Restaurants und Gemeinschaften, die die Vielfalt ihrer Bewohner widerspiegeln.

Pro:

• Bereicherung durch Vielfalt: Kulturelle Vielfalt bereichert das gesellschaftliche Leben und fördert Kreativität und Innovation.

• Förderung des interkulturellen Verständnisses: Der Austausch zwischen verschiedenen Kulturen kann Vorurteile abbauen und das Verständnis füreinander fördern.

• Stärkung der Gemeinschaft: Eine vielfältige Gesellschaft kann zu einer stärkeren und widerstandsfähigeren Gemeinschaft führen.

Kontra:

• Sprachbarrieren: Unterschiedliche Sprachen können die Kommunikation erschweren und Missverständnisse verursachen.

• Kulturelle Konflikte: Unterschiedliche kulturelle Normen und Werte können zu Konflikten führen.

• Herausforderungen bei der Integration: Die Integration von Menschen aus verschiedenen Kulturen kann schwierig sein und erfordert Zeit und Ressourcen.

Förderung einer inklusiven Gesellschaft: Um eine inklusive Gesellschaft zu fördern, ist es wichtig, Maßnahmen zu ergreifen, die die Integration unterstützen und Diskriminierung entgegenwirken.

Beispiel: Länder wie Kanada und Schweden haben Programme entwickelt, die die Integration von Migranten unterstützen und ihnen helfen, sich in die Gesellschaft zu integrieren. Diese Programme umfassen Sprachkurse, berufliche Weiterbildung und soziale Unterstützung.

Pro:

• Gleichberechtigung: Maßnahmen zur Förderung der Integration tragen dazu bei, dass alle Mitglieder der Gesellschaft gleiche Chancen haben.

• Soziale Kohäsion: Eine inklusive Gesellschaft fördert den sozialen Zusammenhalt und das Gemeinschaftsgefühl.

• Wirtschaftliche Vorteile: Die Integration von Migranten kann wirtschaftliche Vorteile bringen, indem sie den Arbeitsmarkt bereichern und zur wirtschaftlichen Entwicklung beitragen.

Kontra:

• Kosten und Ressourcen: Maßnahmen zur Förderung der Integration erfordern erhebliche finanzielle und personelle Ressourcen.

• Widerstand in der Bevölkerung: Es kann Widerstand gegen Integrationsmaßnahmen geben, insbesondere in Zeiten wirtschaftlicher Unsicherheit.

• Langfristige Herausforderungen: Die Integration ist ein langfristiger Prozess, der kontinuierliche Anstrengungen und Anpassungen erfordert.

Gescheiterte Integrationsversuche: In den letzten Dekaden sind Integrationsversuche in vielen Ländern gescheitert, was zu erheblichen sozialen und wirtschaftlichen Problemen geführt hat. Diese Probleme scheinen oft schwer lösbar und erfordern umfassende und nachhaltige Ansätze.

Beispiel: In einigen europäischen Ländern haben gescheiterte Integrationsversuche zu sozialen Spannungen, erhöhter Kriminalität und wirtschaftlicher Benachteiligung geführt. Diese Herausforderungen zeigen, wie wichtig es ist, effektive und langfristige Integrationsstrategien zu entwickeln.

Pro:

• Erkenntnisse aus Fehlern: Gescheiterte Integrationsversuche bieten die Möglichkeit, aus Fehlern zu lernen und bessere Strategien zu entwickeln.

• Notwendigkeit umfassender Ansätze: Die Bewältigung der Integrationsprobleme erfordert umfassende und koordinierte Ansätze, die alle gesellschaftlichen Bereiche einbeziehen.

• Förderung des Dialogs: Die Auseinandersetzung mit gescheiterten Integrationsversuchen kann den Dialog über die besten Wege zur Förderung der Integration anregen.

Kontra:

• Tief verwurzelte Probleme: Viele der Probleme, die durch gescheiterte Integrationsversuche entstanden sind, sind tief verwurzelt und schwer zu lösen.

• Polarisierung: Gescheiterte Integrationsversuche können zur Polarisierung der Gesellschaft beitragen und Spannungen verstärken.

• Langwierige Prozesse: Die Lösung der Integrationsprobleme erfordert langwierige und kontinuierliche Anstrengungen, die oft über mehrere Generationen hinweg notwendig sind.

4. Arbeitswelt und Lebensstil:

Die Arbeitswelt verändert sich durch Automatisierung und flexible Arbeitsmodelle. Welche neuen Lebensstile und Arbeitsformen entstehen dadurch?

Bild erstellt von Copilot, der faszinierenden KI von Microsoft, mit Unterstützung von DALL-E 3.

Veränderungen durch Automatisierung: Die Automatisierung hat die Arbeitswelt grundlegend verändert. Roboter und künstliche Intelligenz übernehmen zunehmend Aufgaben, die früher von Menschen erledigt wurden. Dies führt zu einer Verschiebung der Arbeitsanforderungen und der Notwendigkeit, neue Fähigkeiten zu erlernen.

Beispiel: In der Automobilindustrie werden viele Produktionsprozesse mittlerweile von Robotern durchgeführt. Dies hat die Effizienz und Produktivität erhöht, aber auch die Nachfrage nach hochqualifizierten Arbeitskräften gesteigert, die in der Lage sind, diese Technologien zu bedienen und zu warten.

Pro:

• Erhöhte Effizienz: Automatisierung kann die Produktivität und Effizienz in vielen Branchen steigern.

• Reduzierung monotoner Aufgaben: Maschinen können repetitive und gefährliche Aufgaben übernehmen, wodurch die Arbeitsbedingungen für Menschen verbessert werden.

• Förderung von Innovation: Der Einsatz neuer Technologien kann Innovationen und die Entwicklung neuer Produkte und Dienstleistungen fördern.

Kontra:

• Arbeitsplatzverlust: Automatisierung kann zu Arbeitsplatzverlusten führen, insbesondere in Bereichen, die stark von manueller Arbeit abhängig sind.

• Notwendigkeit neuer Fähigkeiten: Arbeitnehmer müssen neue Fähigkeiten erlernen, um mit den technologischen Veränderungen Schritt zu halten.

• Ungleichheit: Die Vorteile der Automatisierung können ungleich verteilt sein, was zu wirtschaftlicher Ungleichheit führen kann.

Flexible Arbeitsmodelle: Die Digitalisierung und die zunehmende Vernetzung haben flexible Arbeitsmodelle ermöglicht. Remote-Arbeit, flexible Arbeitszeiten und projektbasierte Arbeit sind heute weit verbreitet und bieten sowohl Chancen als auch Herausforderungen.

Beispiel: Unternehmen wie Google und Microsoft bieten ihren Mitarbeitern die Möglichkeit, remote zu arbeiten und flexible Arbeitszeiten zu nutzen. Dies ermöglicht eine bessere Work-Life-Balance und kann die Produktivität steigern.

Pro:

• Work-Life-Balance: Flexible Arbeitsmodelle ermöglichen es den Arbeitnehmern, ihre Arbeit besser mit ihrem Privatleben zu vereinbaren.

• Erhöhte Produktivität: Studien haben gezeigt, dass flexible Arbeitsmodelle die Produktivität und Zufriedenheit der Mitarbeiter steigern können.

• Zugang zu globalen Talenten: Unternehmen können Talente aus der ganzen Welt rekrutieren, unabhängig von ihrem Standort.

Kontra:

• Isolation: Remote-Arbeit kann zu Isolation und einem Gefühl der Trennung von Kollegen führen.

• Herausforderungen bei der Zusammenarbeit: Die Zusammenarbeit und Kommunikation in verteilten Teams kann schwieriger sein.

• Grenzen zwischen Arbeit und Privatleben: Flexible Arbeitsmodelle können dazu führen, dass die Grenzen zwischen Arbeit und Privatleben verschwimmen.

Neue Lebensstile und Arbeitsformen: Die Veränderungen in der Arbeitswelt führen auch zu neuen Lebensstilen und Arbeitsformen. Coworking Spaces, digitale Nomaden und die Gig-Economy sind Beispiele für diese neuen Trends.

Beispiel: Digitale Nomaden nutzen die Möglichkeiten der Remote-Arbeit, um von verschiedenen Orten auf der ganzen

Welt aus zu arbeiten. Sie kombinieren Arbeit und Reisen und genießen die Freiheit, ihren Arbeitsplatz flexibel zu wählen.

Pro:

• Freiheit und Flexibilität: Neue Arbeitsformen bieten mehr Freiheit und Flexibilität bei der Gestaltung des Arbeitslebens.

• Vielfalt an Erfahrungen: Digitale Nomaden und flexible Arbeitsmodelle ermöglichen es den Menschen, verschiedene Kulturen und Lebensweisen kennenzulernen.

• Förderung von Kreativität: Die Vielfalt an Arbeitsumgebungen und Erfahrungen kann die Kreativität und Innovationsfähigkeit fördern.

Kontra:

• Unsicherheit: Neue Arbeitsformen wie die Gig-Economy können zu Unsicherheit und mangelnder Arbeitsplatzsicherheit führen.

• Fehlende soziale Absicherung: Viele flexible Arbeitsmodelle bieten keine ausreichende soziale Absicherung und Sozialleistungen.

• Herausforderungen bei der langfristigen Planung: Die Flexibilität und Unsicherheit neuer Arbeitsformen können die langfristige Planung und Stabilität erschweren.

Kapitel 4:

Bild erstellt von Copilot, der faszinierenden KI von Microsoft, mit Unterstützung von DALL-E 3.

Umwelt und Nachhaltigkeit:
Die Bedeutung von Umweltschutz und nachhaltigen Praktiken für die Zukunft der Erde.

Der Schutz unserer Umwelt und die Förderung nachhaltiger Praktiken sind entscheidend für die Zukunft unseres Planeten. In diesem Kapitel betrachten wir die wichtigsten Umweltprobleme und mögliche Lösungen.

1. Klimawandel:

Der Klimawandel ist eine der größten Herausforderungen unserer Zeit. Welche Maßnahmen können wir ergreifen, um die Erderwärmung zu begrenzen und ihre Auswirkungen zu mildern?

Bild erstellt von Copilot, der faszinierenden KI von Microsoft, mit Unterstützung von DALL-E 3

Maßnahmen zur Begrenzung der Erderwärmung: Um die Erderwärmung zu begrenzen, müssen wir eine Vielzahl von Maßnahmen ergreifen, die auf die Reduzierung der Treibhausgasemissionen abzielen. Dazu gehören der Umstieg auf erneuerbare Energien, die Steigerung der Energieeffizienz und der Schutz von Wäldern und anderen natürlichen Kohlenstoffsenken.

Beispiel: Die Europäische Union hat sich verpflichtet, die Netto-Treibhausgasemissionen bis 2030 um mindestens 55 % zu senken und bis 2050 klimaneutral zu werden. Diese Ziele sollen durch den Ausbau erneuerbarer Energien, die Verbesserung der Energieeffizienz und die Förderung nachhaltiger Landwirtschaft erreicht werden.

Pro:

• Reduzierung der Treibhausgasemissionen: Der Umstieg auf erneuerbare Energien und die Steigerung der Energieeffizienz können die Emissionen erheblich reduzieren.

• Schutz der Umwelt: Maßnahmen zum Schutz von Wäldern und anderen natürlichen Kohlenstoffsenken tragen zur Erhaltung der Biodiversität und zur Bekämpfung des Klimawandels bei.

• Wirtschaftliche Vorteile: Investitionen in erneuerbare Energien und Energieeffizienz können neue Arbeitsplätze schaffen und die Wirtschaft ankurbeln.

Kontra:

• Hohe Kosten: Die Umstellung auf erneuerbare Energien und die Verbesserung der Energieeffizienz erfordern erhebliche Investitionen.

• Technologische Herausforderungen: Die Entwicklung und Implementierung neuer Technologien kann zeitaufwendig und komplex sein.

• Widerstand gegen Veränderungen: Es kann Widerstand gegen notwendige Veränderungen geben, insbesondere von Interessengruppen, die von fossilen Brennstoffen profitieren.

Milderung der Auswirkungen des Klimawandels: Neben der Begrenzung der Erderwärmung müssen wir auch Maßnahmen ergreifen, um die Auswirkungen des Klimawandels zu mildern.

Dazu gehören die Anpassung an veränderte Klimabedingungen, der Schutz gefährdeter Gemeinschaften und die Förderung von Resilienz.

Beispiel: In Deutschland werden Maßnahmen zur Klimaanpassung in verschiedenen Handlungsfeldern umgesetzt, darunter Gesundheit, Landwirtschaft, Energie und Katastrophenschutz. Diese Maßnahmen sollen die Widerstandsfähigkeit gegenüber den Auswirkungen des Klimawandels erhöhen und die Lebensqualität der Bevölkerung schützen.

Pro:

• Erhöhung der Resilienz: Maßnahmen zur Klimaanpassung können die Widerstandsfähigkeit von Gemeinschaften und Infrastrukturen gegenüber den Auswirkungen des Klimawandels erhöhen.

• Schutz gefährdeter Gemeinschaften: Durch gezielte Maßnahmen können besonders gefährdete Gemeinschaften besser geschützt und unterstützt werden.

• Förderung nachhaltiger Praktiken: Die Anpassung an den Klimawandel kann nachhaltige Praktiken in verschiedenen Sektoren fördern.

Kontra:

• Komplexität der Umsetzung: Die Umsetzung von Anpassungsmaßnahmen erfordert eine umfassende Planung und Koordination.

• Kosten: Maßnahmen zur Klimaanpassung können hohe Kosten verursachen, insbesondere in Entwicklungsländern.

• Langfristige Herausforderungen: Die Anpassung an den Klimawandel ist ein langfristiger Prozess, der kontinuierliche Anstrengungen erfordert.

Internationale Zusammenarbeit: Der Klimawandel ist ein globales Problem, das internationale Zusammenarbeit erfordert. Länder müssen zusammenarbeiten, um gemeinsame Lösungen zu finden und ihre Anstrengungen zu koordinieren.

Beispiel: Das Pariser Abkommen von 2015 ist ein historisches internationales Abkommen, das darauf abzielt, die globale Erwärmung auf deutlich unter 2 Grad Celsius zu begrenzen und Anstrengungen zu unternehmen, um den Temperaturanstieg auf 1,5 Grad Celsius zu begrenzen. Es verpflichtet die Unterzeichnerstaaten, nationale Klimaschutzpläne zu entwickeln und regelmäßig zu aktualisieren.

Pro:

• Globale Lösungen: Internationale Zusammenarbeit ermöglicht es, globale Lösungen für ein globales Problem zu finden.

• Teilen von Ressourcen und Wissen: Länder können Ressourcen und Wissen teilen, um effektive Maßnahmen gegen den Klimawandel zu entwickeln.

• Stärkung der globalen Gemeinschaft: Gemeinsame Anstrengungen zur Bekämpfung des Klimawandels können die globale Gemeinschaft stärken und das Vertrauen zwischen den Ländern fördern.

Kontra:

• Unterschiedliche Interessen: Länder haben unterschiedliche wirtschaftliche und politische Interessen, die die Zusammenarbeit erschweren können.

• Verpflichtungen und Umsetzung: Es kann schwierig sein, sicherzustellen, dass alle Länder ihre Verpflichtungen einhalten und die notwendigen Maßnahmen umsetzen.

- Finanzielle Unterstützung: Entwicklungsländer benötigen oft finanzielle Unterstützung, um Klimaschutzmaßnahmen umzusetzen, was zu Spannungen führen kann.

2. Ressourcennutzung:

Nachhaltige Ressourcennutzung ist entscheidend, um die natürlichen Lebensgrundlagen zu erhalten. Wie können wir den Verbrauch von Wasser, Energie und Rohstoffen effizienter gestalten?

Bild erstellt von Copilot, der faszinierenden KI von Microsoft, mit Unterstützung von DALL-E 3

Effizienter Verbrauch von Wasser: Wasser ist eine lebenswichtige Ressource, deren nachhaltige Nutzung von entscheidender Bedeutung ist. Maßnahmen zur effizienten Wassernutzung umfassen die Reduzierung des Wasserverbrauchs, die Verbesserung der Wassernutzungseffizienz und die Wiederverwendung von Wasser.

Beispiel: In vielen Städten weltweit werden wassersparende Technologien wie Tropfbewässerung in der Landwirtschaft und wassersparende Haushaltsgeräte gefördert. Diese Technologien helfen, den Wasserverbrauch zu reduzieren und die Ressource effizienter zu nutzen.

Pro:

• Erhaltung der Wasserressourcen: Effiziente Wassernutzung trägt dazu bei, die Wasserressourcen zu schonen und ihre Verfügbarkeit für zukünftige Generationen zu sichern.

• Reduzierung der Kosten: Durch die Reduzierung des Wasserverbrauchs können Haushalte und Unternehmen Kosten sparen.

• Schutz der Umwelt: Weniger Wasserverbrauch bedeutet auch weniger Abwasser, was die Belastung der Umwelt verringert.

Kontra:

• Hohe Anfangsinvestitionen: Die Implementierung wassersparender Technologien kann hohe Anfangsinvestitionen erfordern.

• Technologische Herausforderungen: Die Entwicklung und Implementierung neuer Technologien kann zeitaufwendig und komplex sein.

• Verhaltensänderungen: Effiziente Wassernutzung erfordert oft Verhaltensänderungen, die schwer umzusetzen sein können.

Effizienter Verbrauch von Energie: Die effiziente Nutzung von Energie ist ein weiterer wichtiger Aspekt der nachhaltigen Ressourcennutzung. Maßnahmen zur Steigerung der Energieeffizienz umfassen den Einsatz energieeffizienter Technologien, die Verbesserung der Gebäudedämmung und die Förderung erneuerbarer Energien.

Beispiel: Viele Länder fördern den Einsatz von LED-Beleuchtung, energieeffizienten Haushaltsgeräten und die Nutzung von Solar- und Windenergie. Diese Maßnahmen tragen dazu bei, den Energieverbrauch zu senken und die Abhängigkeit von fossilen Brennstoffen zu reduzieren.

Pro:

• Reduzierung der Treibhausgasemissionen: Energieeffiziente Technologien und erneuerbare Energien tragen zur Reduzierung der Treibhausgasemissionen bei.

• Kosteneinsparungen: Energieeffiziente Maßnahmen können langfristig zu erheblichen Kosteneinsparungen führen.

• Förderung der Innovation: Die Entwicklung und Implementierung energieeffizienter Technologien fördert Innovation und technologische Fortschritte.

Kontra:

• Hohe Anfangskosten: Die Implementierung energieeffizienter Technologien kann hohe Anfangskosten verursachen.

• Technologische Herausforderungen: Die Entwicklung und Implementierung neuer Technologien kann zeitaufwendig und komplex sein.

• Widerstand gegen Veränderungen: Es kann Widerstand gegen notwendige Veränderungen geben, insbesondere von Interessengruppen, die von fossilen Brennstoffen profitieren.

Effizienter Verbrauch von Rohstoffen: Die effiziente Nutzung von Rohstoffen ist entscheidend, um die natürlichen Ressourcen zu schonen und die Umweltbelastung zu verringern. Maßnahmen zur effizienten Rohstoffnutzung umfassen das Recycling, die Wiederverwendung von Materialien und die Förderung einer Kreislaufwirtschaft.

Beispiel: Viele Länder haben Recyclingprogramme eingeführt, um die Wiederverwertung von Materialien zu fördern. Unternehmen setzen zunehmend auf nachhaltige Produktionsmethoden und die Nutzung recycelter Materialien, um ihre Umweltbilanz zu verbessern.

Pro:

• Reduzierung der Umweltbelastung: Recycling und Wiederverwendung von Materialien tragen zur Reduzierung der Umweltbelastung bei.

• Schonung der natürlichen Ressourcen: Effiziente Rohstoffnutzung hilft, die natürlichen Ressourcen zu schonen und ihre Verfügbarkeit für zukünftige Generationen zu sichern.

• Wirtschaftliche Vorteile: Recycling und nachhaltige Produktionsmethoden können wirtschaftliche Vorteile bringen und neue Arbeitsplätze schaffen.

Kontra:

• Hohe Kosten: Die Implementierung von Recyclingprogrammen und nachhaltigen Produktionsmethoden kann hohe Kosten verursachen.

• Technologische Herausforderungen: Die Entwicklung und Implementierung neuer Technologien kann zeitaufwendig und komplex sein.

• Verhaltensänderungen: Effiziente Rohstoffnutzung erfordert oft Verhaltensänderungen, die schwer umzusetzen sein können.

Internationale Zusammenarbeit: Nachhaltige Ressourcennutzung erfordert internationale Zusammenarbeit und den Austausch bewährter Praktiken. Länder müssen zusammenarbeiten, um gemeinsame Lösungen zu finden und ihre Anstrengungen zu koordinieren.

Beispiel: Internationale Abkommen wie das Übereinkommen von Paris und die Agenda 2030 für nachhaltige Entwicklung fördern die Zusammenarbeit zwischen den Ländern, um nachhaltige Ressourcennutzung und Umweltschutz zu gewährleisten.

Pro:

• Globale Lösungen: Internationale Zusammenarbeit ermöglicht es, globale Lösungen für ein globales Problem zu finden.

• Teilen von Ressourcen und Wissen: Länder können Ressourcen und Wissen teilen, um effektive Maßnahmen zur nachhaltigen Ressourcennutzung zu entwickeln.

• Stärkung der globalen Gemeinschaft: Gemeinsame Anstrengungen zur nachhaltigen Ressourcennutzung können die globale Gemeinschaft stärken und das Vertrauen zwischen den Ländern fördern.

Kontra:

• Unterschiedliche Interessen: Länder haben unterschiedliche wirtschaftliche und politische Interessen, die die Zusammenarbeit erschweren können.

• Verpflichtungen und Umsetzung: Es kann schwierig sein, sicherzustellen, dass alle Länder ihre Verpflichtungen einhalten und die notwendigen Maßnahmen umsetzen.

• Finanzielle Unterstützung: Entwicklungsländer benötigen oft finanzielle Unterstützung, um Maßnahmen zur nachhaltigen Ressourcennutzung umzusetzen, was zu Spannungen führen kann.

3. Biodiversität:

Der Verlust der Biodiversität hat weitreichende Folgen für Ökosysteme und die menschliche Gesundheit. Welche Schritte können wir unternehmen, um die Artenvielfalt zu schützen und zu fördern?

Bild erstellt von Copilot, der faszinierenden KI von Microsoft, mit Unterstützung von DALL-E 3.

Schritte zum Schutz der Artenvielfalt: Der Schutz der Biodiversität erfordert eine Vielzahl von Maßnahmen, die auf den Erhalt und die Förderung der Artenvielfalt abzielen. Dazu gehören der Schutz von Lebensräumen, die Wiederherstellung degradierter Ökosysteme und die Förderung nachhaltiger Landnutzungspraktiken.

Beispiel: Naturschutzgebiete und Nationalparks spielen eine wichtige Rolle beim Schutz der Biodiversität. Sie bieten Lebensräume für viele bedrohte Arten und tragen zur Erhaltung der natürlichen Ökosysteme bei.

Pro:

• Erhaltung der Ökosysteme: Der Schutz von Lebensräumen trägt zur Erhaltung der natürlichen Ökosysteme und ihrer Funktionen bei.

• Förderung der Artenvielfalt: Naturschutzgebiete und andere Schutzmaßnahmen fördern die Artenvielfalt und helfen, bedrohte Arten zu schützen.

• Wissenschaftliche Forschung: Schutzgebiete bieten Möglichkeiten für wissenschaftliche Forschung und das Verständnis der natürlichen Welt.

Kontra:

• Konflikte mit menschlichen Aktivitäten: Der Schutz von Lebensräumen kann zu Konflikten mit landwirtschaftlichen und anderen menschlichen Aktivitäten führen.

• Hohe Kosten: Die Einrichtung und Verwaltung von Naturschutzgebieten erfordert erhebliche finanzielle Ressourcen.

• Eingeschränkte Flächen: In dicht besiedelten Gebieten kann es schwierig sein, ausreichend Flächen für den Naturschutz bereitzustellen.

Wiederherstellung degradierter Ökosysteme: Die Wiederherstellung degradierter Ökosysteme ist ein weiterer wichtiger Schritt zum Schutz der Biodiversität. Dies umfasst Maßnahmen wie die Aufforstung, die Renaturierung von Flüssen und die Wiederherstellung von Feuchtgebieten.

Beispiel: Aufforstungsprojekte in verschiedenen Teilen der Welt, wie das „Great Green Wall"-Projekt in Afrika, zielen darauf ab, degradierte Landschaften wiederherzustellen und die Biodiversität zu fördern.

Pro:

- Verbesserung der Ökosystemfunktionen: Die Wiederherstellung degradierter Ökosysteme verbessert ihre Funktionen und trägt zur Erhaltung der Biodiversität bei.

- Kohlenstoffbindung: Aufforstungsprojekte und andere Wiederherstellungsmaßnahmen tragen zur Kohlenstoffbindung bei und helfen, den Klimawandel zu bekämpfen.

- Schutz vor Naturkatastrophen: Die Wiederherstellung von Feuchtgebieten und anderen Ökosystemen kann den Schutz vor Naturkatastrophen wie Überschwemmungen verbessern.

Kontra:

- Langfristige Anstrengungen: Die Wiederherstellung degradierter Ökosysteme erfordert langfristige Anstrengungen und kontinuierliche Pflege.

- Hohe Kosten: Wiederherstellungsprojekte können hohe Kosten verursachen, insbesondere in großem Maßstab.

- Unsicherheit der Ergebnisse: Die Ergebnisse von Wiederherstellungsmaßnahmen können unsicher sein und von vielen Faktoren abhängen.

Förderung nachhaltiger Landnutzungspraktiken: Nachhaltige Landnutzungspraktiken sind entscheidend, um die Biodiversität zu schützen und zu fördern. Dazu gehören die nachhaltige Landwirtschaft, die Förderung der Agroforstwirtschaft und die Reduzierung des Einsatzes von Pestiziden und Düngemitteln.

Beispiel: Die Förderung der biologischen Landwirtschaft und der Agroforstwirtschaft kann dazu beitragen, die Biodiversität zu erhalten und gleichzeitig die landwirtschaftliche Produktivität zu steigern.

Pro:

• Erhaltung der Biodiversität: Nachhaltige Landnutzungspraktiken tragen zur Erhaltung der Biodiversität und der natürlichen Ressourcen bei.

• Verbesserung der Bodenqualität: Nachhaltige Landwirtschaft verbessert die Bodenqualität und fördert die langfristige Produktivität.

• Reduzierung der Umweltbelastung: Die Reduzierung des Einsatzes von Pestiziden und Düngemitteln verringert die Umweltbelastung und schützt die Biodiversität.

Kontra:

• Höhere Kosten: Nachhaltige Landnutzungspraktiken können höhere Kosten verursachen als konventionelle Methoden.

• Widerstand gegen Veränderungen: Es kann Widerstand gegen die Umstellung auf nachhaltige Praktiken geben, insbesondere von Landwirten, die an konventionelle Methoden gewöhnt sind.

• Notwendigkeit von Schulungen: Die Umsetzung nachhaltiger Landnutzungspraktiken erfordert Schulungen und Unterstützung für Landwirte.

Internationale Zusammenarbeit: Der Schutz der Biodiversität erfordert internationale Zusammenarbeit und den Austausch bewährter Praktiken. Länder müssen zusammenarbeiten, um gemeinsame Lösungen zu finden und ihre Anstrengungen zu koordinieren.

Beispiel: Internationale Abkommen wie das Übereinkommen über die biologische Vielfalt (CBD) fördern die Zusammenarbeit zwischen den Ländern, um die Biodiversität weltweit zu schützen und zu fördern.

Pro:

• Globale Lösungen: Internationale Zusammenarbeit ermöglicht es, globale Lösungen für ein globales Problem zu finden.

• Teilen von Ressourcen und Wissen: Länder können Ressourcen und Wissen teilen, um effektive Maßnahmen zum Schutz der Biodiversität zu entwickeln.

• Stärkung der globalen Gemeinschaft: Gemeinsame Anstrengungen zum Schutz der Biodiversität können die globale Gemeinschaft stärken und das Vertrauen zwischen den Ländern fördern.

Kontra:

• Unterschiedliche Interessen: Länder haben unterschiedliche wirtschaftliche und politische Interessen, die die Zusammenarbeit erschweren können.

• Verpflichtungen und Umsetzung: Es kann schwierig sein, sicherzustellen, dass alle Länder ihre Verpflichtungen einhalten und die notwendigen Maßnahmen umsetzen.

• Finanzielle Unterstützung: Entwicklungsländer benötigen oft finanzielle Unterstützung, um Maßnahmen zum Schutz der Biodiversität umzusetzen, was zu Spannungen führen kann.

4. Nachhaltige Lebensstile:

Jeder Einzelne kann durch nachhaltige Lebensstile einen Beitrag leisten. Welche Veränderungen im Alltag können helfen, die Umwelt zu schonen und nachhaltiger zu leben?

Bild erstellt von Copilot, der faszinierenden KI von Microsoft, mit Unterstützung von DALL-E 3.

Veränderungen im Alltag: Nachhaltige Lebensstile beginnen mit kleinen Veränderungen im Alltag, die zusammen einen großen Unterschied machen können. Dazu gehören bewusster Konsum, Energieeinsparung, Müllvermeidung und die Nutzung umweltfreundlicher Transportmittel.

Beispiel: Die Verwendung wiederverwendbarer Einkaufstaschen, das Reduzieren des Fleischkonsums und die Nutzung öffentlicher

Verkehrsmittel sind einfache Maßnahmen, die jeder ergreifen kann, um nachhaltiger zu leben.

Pro:

• Reduzierung des ökologischen Fußabdrucks: Kleine Veränderungen im Alltag können den ökologischen Fußabdruck erheblich reduzieren.

• Kosteneinsparungen: Nachhaltige Praktiken wie Energieeinsparung und Müllvermeidung können langfristig Kosten sparen.

• Förderung eines bewussteren Lebensstils: Nachhaltige Lebensstile fördern ein bewussteres und achtsameres Leben.

Kontra:

• Anfangsinvestitionen: Einige nachhaltige Praktiken, wie der Kauf energieeffizienter Geräte, können hohe Anfangskosten verursachen.

• Verhaltensänderungen: Nachhaltige Lebensstile erfordern oft Verhaltensänderungen, die schwer umzusetzen sein können.

• Zeitaufwand: Einige nachhaltige Praktiken, wie das Planen von Mahlzeiten zur Vermeidung von Lebensmittelabfällen, können zeitaufwendig sein.

Energieeinsparung: Energieeinsparung ist ein wichtiger Aspekt nachhaltiger Lebensstile. Dazu gehören Maßnahmen wie das Ausschalten von Geräten, die nicht in Gebrauch sind, die Nutzung energieeffizienter Beleuchtung und die Verbesserung der Gebäudedämmung.

Beispiel: Der Einsatz von LED-Lampen und energieeffizienten Haushaltsgeräten kann den Energieverbrauch erheblich reduzieren und gleichzeitig die Stromkosten senken.

Pro:

• Reduzierung der Treibhausgasemissionen: Energieeinsparung trägt zur Reduzierung der Treibhausgasemissionen bei.

• Kosteneinsparungen: Energieeffiziente Maßnahmen können langfristig zu erheblichen Kosteneinsparungen führen.

• Förderung der Innovation: Die Entwicklung und Implementierung energieeffizienter Technologien fördert Innovation und technologische Fortschritte.

Kontra:

• Hohe Anfangskosten: Die Implementierung energieeffizienter Technologien kann hohe Anfangskosten verursachen.

• Technologische Herausforderungen: Die Entwicklung und Implementierung neuer Technologien kann zeitaufwendig und komplex sein.

• Widerstand gegen Veränderungen: Es kann Widerstand gegen notwendige Veränderungen geben, insbesondere von Interessengruppen, die von fossilen Brennstoffen profitieren.

Müllvermeidung: Müllvermeidung ist ein weiterer wichtiger Aspekt nachhaltiger Lebensstile. Dazu gehören Maßnahmen wie das Recycling, die Wiederverwendung von Materialien und die Reduzierung des Plastikverbrauchs.

Beispiel: Die Verwendung wiederverwendbarer Wasserflaschen und Einkaufstaschen sowie die Vermeidung von Einwegplastik können den Plastikmüll erheblich reduzieren.

Pro:

• Reduzierung der Umweltbelastung: Müllvermeidung trägt zur Reduzierung der Umweltbelastung bei.

• Schonung der natürlichen Ressourcen: Effiziente Rohstoffnutzung hilft, die natürlichen Ressourcen zu schonen und ihre Verfügbarkeit für zukünftige Generationen zu sichern.

• Wirtschaftliche Vorteile: Recycling und nachhaltige Produktionsmethoden können wirtschaftliche Vorteile bringen und neue Arbeitsplätze schaffen.

Kontra:

• Hohe Kosten: Die Implementierung von Recyclingprogrammen und nachhaltigen Produktionsmethoden kann hohe Kosten verursachen.

• Technologische Herausforderungen: Die Entwicklung und Implementierung neuer Technologien kann zeitaufwendig und komplex sein.

• Verhaltensänderungen: Effiziente Rohstoffnutzung erfordert oft Verhaltensänderungen, die schwer umzusetzen sein können.

Umweltfreundliche Transportmittel: Die Nutzung umweltfreundlicher Transportmittel ist ein weiterer wichtiger Aspekt nachhaltiger Lebensstile. Dazu gehören das Radfahren, die Nutzung öffentlicher Verkehrsmittel und das Carsharing.

Beispiel: Viele Städte fördern den Ausbau von Radwegen und die Nutzung öffentlicher Verkehrsmittel, um den Autoverkehr zu reduzieren und die Luftqualität zu verbessern.

Pro:

• Reduzierung der Treibhausgasemissionen: Umweltfreundliche Transportmittel tragen zur Reduzierung der Treibhausgasemissionen bei.

• Verbesserung der Luftqualität: Weniger Autoverkehr führt zu einer besseren Luftqualität und einem gesünderen Lebensumfeld.

- Förderung der Gesundheit: Radfahren und Gehen fördern die körperliche Gesundheit und das Wohlbefinden.

Kontra:

- Infrastruktur: Der Ausbau umweltfreundlicher Transportmittel erfordert Investitionen in die Infrastruktur.

- Bequemlichkeit: Die Nutzung öffentlicher Verkehrsmittel und das Radfahren können weniger bequem sein als das Autofahren.

- Wetterabhängigkeit: Umweltfreundliche Transportmittel wie das Radfahren sind wetterabhängig und können bei schlechtem Wetter unpraktisch sein.

Internationale Zusammenarbeit: Nachhaltige Lebensstile erfordern internationale Zusammenarbeit und den Austausch bewährter Praktiken. Länder müssen zusammenarbeiten, um gemeinsame Lösungen zu finden und ihre Anstrengungen zu koordinieren.

Beispiel: Internationale Initiativen wie die Agenda 2030 für nachhaltige Entwicklung fördern die Zusammenarbeit zwischen den Ländern, um nachhaltige Lebensstile weltweit zu fördern.

Pro:

- Globale Lösungen: Internationale Zusammenarbeit ermöglicht es, globale Lösungen für ein globales Problem zu finden.

- Teilen von Ressourcen und Wissen: Länder können Ressourcen und Wissen teilen, um effektive Maßnahmen zur Förderung nachhaltiger Lebensstile zu entwickeln.

- Stärkung der globalen Gemeinschaft: Gemeinsame Anstrengungen zur Förderung nachhaltiger Lebensstile

können die globale Gemeinschaft stärken und das Vertrauen zwischen den Ländern fördern.

Kontra:

• Unterschiedliche Interessen: Länder haben unterschiedliche wirtschaftliche und politische Interessen, die die Zusammenarbeit erschweren können.

• Verpflichtungen und Umsetzung: Es kann schwierig sein, sicherzustellen, dass alle Länder ihre Verpflichtungen einhalten und die notwendigen Maßnahmen umsetzen.

• Finanzielle Unterstützung: Entwicklungsländer benötigen oft finanzielle Unterstützung, um Maßnahmen zur Förderung nachhaltiger Lebensstile umzusetzen, was zu Spannungen führen kann.

Kapitel 5:

Bild erstellt von Copilot, der faszinierenden KI von Microsoft, mit Unterstützung von DALL-E 3.

Visionen für die Zukunft:

Verschiedene Szenarien und Visionen, wie die Menschheit in den nächsten Jahrzehnten und Jahrhunderten leben könnte.

Die Zukunft der Menschheit ist voller Möglichkeiten und Herausforderungen. In diesem Kapitel werfen wir einen Blick auf verschiedene Szenarien und Visionen, wie die Menschheit in den nächsten Jahrzehnten und Jahrhunderten leben könnte.

1. Technologische Utopien:

Wie könnten technologische Fortschritte eine utopische Zukunft ermöglichen, in der Wohlstand, Gesundheit und Bildung für alle zugänglich sind?

Bild erstellt von Copilot, der faszinierenden KI von Microsoft, mit Unterstützung von DALL-E 3.

Wohlstand für alle:

Durch Automatisierung und künstliche Intelligenz könnten viele der heutigen Arbeitsplätze effizienter gestaltet werden, was zu einer höheren Produktivität und einem geringeren Bedarf an menschlicher Arbeit führt. Dies könnte wiederum zu einer gerechteren Verteilung des Wohlstands führen, da die Gewinne aus der erhöhten Produktivität in Form von bedingungslosem

Grundeinkommen oder anderen sozialen Sicherheitsnetzen an die Bevölkerung weitergegeben werden könnten.

Pro:

• Reduzierung der Armut: Automatisierung und KI könnten die Armut verringern, indem sie den Zugang zu Ressourcen und Dienstleistungen verbessern.

• Erhöhte Produktivität: Effizientere Arbeitsprozesse könnten zu einer höheren Gesamtproduktivität führen.

• Soziale Sicherheit: Bedingungsloses Grundeinkommen könnte finanzielle Sicherheit bieten.

Kontra:

• Arbeitsplatzverlust: Automatisierung könnte zu einem Verlust traditioneller Arbeitsplätze führen.

• Ungleichheit: Ohne angemessene Verteilung könnten die Vorteile der Technologie ungleich verteilt sein.

• Abhängigkeit von Technologie: Eine starke Abhängigkeit von Technologie könnte Risiken bergen, wenn Systeme ausfallen.

Gesundheit für alle:

Fortschritte in der Medizintechnik, wie personalisierte Medizin, Genomik und Telemedizin, könnten die Gesundheitsversorgung revolutionieren. Krankheiten könnten frühzeitig erkannt und präzise behandelt werden, was zu einer höheren Lebenserwartung und einer besseren Lebensqualität führt. Zudem könnten tragbare Technologien und Gesundheits-Apps den Zugang zu medizinischen Informationen und Dienstleistungen erleichtern, insbesondere in abgelegenen oder unterversorgten Gebieten.

Pro:

• Früherkennung von Krankheiten: Verbesserte Diagnosetechniken könnten Krankheiten frühzeitig erkennen.

• Zugang zu Gesundheitsdiensten: Telemedizin könnte den Zugang zu Gesundheitsdiensten in abgelegenen Gebieten verbessern.

• Personalisierte Behandlungen: Genomik könnte maßgeschneiderte Behandlungen ermöglichen.

Kontra:

• Kosten: Hochentwickelte Medizintechnologien könnten teuer sein.

• Datenschutz: Der Umgang mit sensiblen Gesundheitsdaten könnte Datenschutzprobleme aufwerfen.

• Ungleichheit: Zugang zu fortschrittlicher Medizin könnte ungleich verteilt sein.

Bildung für alle:

Die Digitalisierung der Bildung könnte den Zugang zu hochwertiger Bildung für Menschen weltweit verbessern. Online-Lernplattformen, virtuelle Klassenzimmer und KI-gestützte Lernhilfen könnten personalisierte Bildungswege ermöglichen, die auf die individuellen Bedürfnisse und Fähigkeiten der Lernenden zugeschnitten sind. Dies könnte dazu beitragen, Bildungsbarrieren abzubauen und lebenslanges Lernen zu fördern.

Pro:

• Zugang zu Bildung: Online-Plattformen könnten Bildung für alle zugänglich machen.

- Personalisierte Lernwege: KI-gestützte Lernhilfen könnten individuelle Lernbedürfnisse berücksichtigen.

- Lebenslanges Lernen: Digitalisierung könnte lebenslanges Lernen fördern.

Kontra:

- Digitale Kluft: Nicht alle Menschen haben Zugang zu digitalen Geräten und Internet.

- Qualität der Bildung: Die Qualität der Online-Bildung könnte variieren.

- Abhängigkeit von Technologie: Eine starke Abhängigkeit von Technologie könnte Risiken bergen.

Insgesamt könnten technologische Utopien eine Welt schaffen, in der Wohlstand, Gesundheit und Bildung nicht mehr das Privileg weniger, sondern das Recht aller sind. Diese Vision erfordert jedoch nicht nur technologische Innovationen, sondern auch gesellschaftliche und politische Veränderungen, um sicherzustellen, dass die Vorteile der Technologie gerecht verteilt werden.

2. Dystopische Szenarien:

Welche Risiken und Gefahren könnten uns erwarten, wenn technologische Entwicklungen und gesellschaftliche Veränderungen in die falsche Richtung gehen?

Bild erstellt von Copilot, der faszinierenden KI von Microsoft, mit Unterstützung von DALL-E 3.

Überwachung und Kontrolle:

Eine der größten Gefahren ist die Möglichkeit einer allgegenwärtigen Überwachung und Kontrolle durch Regierungen oder Unternehmen. Fortschritte in der Überwachungstechnologie könnten zu einem Verlust der Privatsphäre und zu einer Einschränkung der persönlichen Freiheit führen.

Pro:

• Sicherheit: Überwachungstechnologien könnten zur Erhöhung der öffentlichen Sicherheit beitragen.

• Kriminalitätsbekämpfung: Effizientere Überwachung könnte helfen, Verbrechen schneller aufzuklären.

Kontra:

• Verlust der Privatsphäre: Ständige Überwachung könnte die Privatsphäre der Menschen erheblich einschränken.

• Missbrauch: Überwachungstechnologien könnten missbraucht werden, um politische Gegner zu unterdrücken oder die Bevölkerung zu kontrollieren.

• Einschränkung der Freiheit: Übermäßige Kontrolle könnte die persönliche Freiheit und die Meinungsfreiheit einschränken.

Soziale Ungleichheit:

Technologische Fortschritte könnten die Kluft zwischen Arm und Reich weiter vergrößern. Wenn der Zugang zu neuen Technologien ungleich verteilt ist, könnten benachteiligte Gruppen noch weiter zurückfallen.

Pro:

• Wirtschaftswachstum: Technologische Innovationen könnten das Wirtschaftswachstum fördern.

• Neue Arbeitsplätze: Neue Technologien könnten neue Arbeitsplätze schaffen.

Kontra:

• Ungleichheit: Ungleicher Zugang zu Technologien könnte die soziale Ungleichheit verschärfen.

- Arbeitsplatzverlust: Automatisierung könnte traditionelle Arbeitsplätze vernichten, was zu Arbeitslosigkeit führen könnte.

- Exklusion: Benachteiligte Gruppen könnten von den Vorteilen neuer Technologien ausgeschlossen werden.

Abhängigkeit von Technologie:

Eine übermäßige Abhängigkeit von Technologie könnte zu erheblichen Problemen führen, wenn diese Technologien versagen oder missbraucht werden. Dies könnte die Widerstandsfähigkeit der Gesellschaft verringern und zu einer erhöhten Anfälligkeit für Cyberangriffe führen.

Pro:

- Effizienz: Technologie kann viele Prozesse effizienter gestalten.

- Komfort: Technologische Lösungen können den Alltag erleichtern.

Kontra:

- Verwundbarkeit: Eine starke Abhängigkeit von Technologie könnte die Gesellschaft anfälliger für Cyberangriffe machen.

- Systemausfälle: Technologische Ausfälle könnten weitreichende Auswirkungen haben.

- Verlust von Fähigkeiten: Übermäßige Abhängigkeit von Technologie könnte dazu führen, dass wichtige Fähigkeiten verloren gehen.

Ethische Fragen:

Die Entwicklung neuer Technologien wirft zahlreiche ethische Fragen auf. Dies betrifft insbesondere Bereiche wie künstliche Intelligenz, Genetik und Überwachung, wo die Grenzen zwischen Nutzen und Missbrauch oft verschwimmen.

Pro:

• Fortschritt: Technologische Innovationen können bedeutende Fortschritte in vielen Bereichen ermöglichen.

• Lösungen für globale Probleme: Neue Technologien könnten Lösungen für globale Herausforderungen bieten.

Kontra:

• Ethische Dilemmata: Neue Technologien könnten ethische Dilemmata schaffen, die schwer zu lösen sind.

• Missbrauchspotenzial: Technologien könnten missbraucht werden, um Schaden anzurichten.

• Regulierung: Es könnte schwierig sein, angemessene Regulierungen für neue Technologien zu entwickeln.

Insgesamt zeigen dystopische Szenarien, dass technologische Entwicklungen und gesellschaftliche Veränderungen sorgfältig überwacht und gesteuert werden müssen, um sicherzustellen, dass sie zum Wohl der gesamten Menschheit beitragen und nicht zu neuen Risiken und Gefahren führen.

3. Nachhaltige Zukunft:

Wie könnte eine nachhaltige und umweltfreundliche Zukunft aussehen, in der die Menschheit im Einklang mit der Natur lebt?

Bild erstellt von Copilot, der faszinierenden KI von Microsoft, mit Unterstützung von DALL-E 3.

Erneuerbare Energien:

Eine nachhaltige Zukunft basiert auf der Nutzung erneuerbarer Energien wie Solar-, Wind- und Wasserkraft. Diese Energiequellen sind unerschöpflich und verursachen keine schädlichen Emissionen, was zu einer sauberen und nachhaltigen Energieversorgung führt.

Pro:

- Umweltfreundlich: Erneuerbare Energien reduzieren die Umweltverschmutzung und den CO_2-Ausstoß.

- Unerschöpflich: Diese Energiequellen sind praktisch unerschöpflich.

- Wirtschaftliche Vorteile: Die Nutzung erneuerbarer Energien kann neue Arbeitsplätze schaffen und die Wirtschaft ankurbeln.

Kontra:

- Anfangsinvestitionen: Der Aufbau von Infrastruktur für erneuerbare Energien kann hohe Anfangskosten verursachen.

- Wetterabhängigkeit: Einige erneuerbare Energiequellen sind wetterabhängig und können unzuverlässig sein.

- Flächenbedarf: Der Bau von Solar- und Windparks erfordert große Flächen.

Nachhaltige Landwirtschaft:

Eine nachhaltige Zukunft umfasst auch eine umweltfreundliche Landwirtschaft, die auf biologischen Anbaumethoden, Fruchtfolge und der Reduzierung von Pestiziden basiert. Diese Methoden fördern die Bodenfruchtbarkeit und die Biodiversität.

Pro:

- Gesunde Lebensmittel: Nachhaltige Landwirtschaft produziert gesunde und nährstoffreiche Lebensmittel.

- Biodiversität: Diese Methoden fördern die Biodiversität und schützen die natürlichen Lebensräume.

- Bodengesundheit: Nachhaltige Praktiken verbessern die Bodenfruchtbarkeit und -gesundheit.

Kontra:

• Erträge: Biologische Anbaumethoden können geringere Erträge liefern als konventionelle Methoden.

• Kosten: Nachhaltige Landwirtschaft kann höhere Produktionskosten verursachen.

• Arbeitsaufwand: Diese Methoden erfordern oft mehr Arbeitsaufwand und Fachwissen.

Grüne Städte:

Nachhaltige Städte integrieren grüne Technologien und Infrastrukturen wie energieeffiziente Gebäude, öffentliche Verkehrsmittel und grüne Flächen. Diese Städte sind darauf ausgelegt, den ökologischen Fußabdruck zu minimieren und die Lebensqualität der Bewohner zu verbessern.

Pro:

• Lebensqualität: Grüne Städte bieten eine höhere Lebensqualität durch saubere Luft und grüne Flächen.

• Energieeffizienz: Energieeffiziente Gebäude und Infrastrukturen reduzieren den Energieverbrauch.

• Nachhaltiger Transport: Öffentliche Verkehrsmittel und Fahrradwege fördern umweltfreundliche Mobilität.

Kontra:

• Kosten: Der Bau und die Umgestaltung von Städten zu grünen Städten können hohe Kosten verursachen.

• Planung: Die Planung und Umsetzung grüner Infrastrukturen erfordert Zeit und Koordination.

• Widerstand: Es kann Widerstand gegen Veränderungen geben, insbesondere von Interessengruppen, die von bestehenden Strukturen profitieren.

Naturschutz:

Eine nachhaltige Zukunft erfordert auch den Schutz und die Wiederherstellung natürlicher Lebensräume. Dies umfasst Maßnahmen wie Aufforstung, den Schutz von Wildtieren und die Erhaltung von Ökosystemen.

Pro:

- Biodiversität: Naturschutzmaßnahmen fördern die Biodiversität und schützen gefährdete Arten.

- Ökosystemdienstleistungen: Gesunde Ökosysteme bieten wichtige Dienstleistungen wie sauberes Wasser und Luft.

- Klimaschutz: Naturschutz trägt zum Klimaschutz bei, indem er Kohlenstoffspeicher wie Wälder erhält.

Kontra:

- Kosten: Naturschutzmaßnahmen können hohe Kosten verursachen.

- Konflikte: Es kann Konflikte zwischen Naturschutz und wirtschaftlichen Interessen geben.

- Langfristigkeit: Die Vorteile von Naturschutzmaßnahmen sind oft langfristig und nicht sofort sichtbar.

Insgesamt könnte eine nachhaltige Zukunft eine Welt schaffen, in der die Menschheit im Einklang mit der Natur lebt und die Ressourcen der Erde verantwortungsvoll nutzt. Diese Vision erfordert jedoch nicht nur technologische Innovationen, sondern auch gesellschaftliche und politische Veränderungen, um sicherzustellen, dass die Vorteile der Nachhaltigkeit gerecht verteilt werden.

4. Interstellare Zivilisation:

Welche Möglichkeiten gibt es, dass die Menschheit eines Tages andere Planeten besiedelt und zu einer interstellaren Zivilisation wird?

Bild erstellt von Copilot, der faszinierenden KI von Microsoft, mit Unterstützung von DALL-E 3.

Raumfahrttechnologie:

Der erste Schritt zur Besiedlung anderer Planeten ist die Entwicklung fortschrittlicher Raumfahrttechnologien. Dies umfasst leistungsfähige Raketenantriebe, langlebige Raumfahrzeuge und Technologien zur Lebenserhaltung im Weltraum.

Pro:

- Erkundung neuer Welten: Fortschritte in der Raumfahrttechnologie ermöglichen die Erkundung und Besiedlung neuer Planeten.

- Wissenschaftlicher Fortschritt: Die Raumfahrt fördert den wissenschaftlichen Fortschritt und das Verständnis des Universums.

- Ressourcen: Andere Planeten könnten wertvolle Ressourcen bieten, die auf der Erde knapp sind.

Kontra:

- Kosten: Raumfahrtmissionen sind extrem teuer und erfordern erhebliche Investitionen.

- Risiken: Raumfahrt birgt hohe Risiken, einschließlich technischer Fehlfunktionen und gesundheitlicher Gefahren für Astronauten.

- Umweltbelastung: Der Start von Raketen kann die Umwelt belasten.

Terraforming:

Terraforming ist der Prozess, durch den ein Planet oder Mond so verändert wird, dass er erdähnliche Bedingungen bietet. Dies könnte die Schaffung einer Atmosphäre, die Regulierung der Temperatur und die Einführung von Wasser und Vegetation umfassen.

Pro:

- Lebensraum: Terraforming könnte neue Lebensräume für die Menschheit schaffen.

- Langfristige Besiedlung: Erdähnliche Bedingungen würden eine langfristige Besiedlung ermöglichen.

- Wissenschaftliche Erkenntnisse: Der Prozess des Terraformings könnte wertvolle wissenschaftliche Erkenntnisse liefern.

Kontra:

- Technologische Herausforderungen: Terraforming erfordert fortschrittliche Technologien, die derzeit noch nicht verfügbar sind.

- Zeitaufwand: Der Prozess könnte Jahrhunderte oder sogar Jahrtausende dauern.

- Ethik: Es gibt ethische Bedenken hinsichtlich der Veränderung fremder Welten.

Weltraumkolonien:

Eine weitere Möglichkeit ist der Bau von Weltraumkolonien, die im Orbit um die Erde oder andere Himmelskörper kreisen. Diese Kolonien könnten als Zwischenstationen für die Erforschung und Besiedlung anderer Planeten dienen.

Pro:

- Flexibilität: Weltraumkolonien könnten flexibel positioniert und angepasst werden.

- Forschung: Sie könnten als Forschungsstationen für die Erforschung des Weltraums dienen.

- Ressourcen: Weltraumkolonien könnten Ressourcen aus dem Weltraum nutzen.

Kontra:

- Kosten: Der Bau und Unterhalt von Weltraumkolonien ist extrem teuer.

- Technologische Herausforderungen: Der Bau erfordert fortschrittliche Technologien und Materialien.

• Lebensbedingungen: Die Schaffung angenehmer Lebensbedingungen in Weltraumkolonien ist eine große Herausforderung.

Interstellare Reisen:

Langfristig könnte die Menschheit Technologien entwickeln, die interstellare Reisen ermöglichen. Dies würde die Erforschung und Besiedlung von Planeten außerhalb unseres Sonnensystems ermöglichen.

Pro:

• Neue Welten: Interstellare Reisen könnten die Erkundung und Besiedlung neuer Welten ermöglichen.

• Wissenschaftlicher Fortschritt: Die Erforschung anderer Sternensysteme würde unser Verständnis des Universums erheblich erweitern.

• Überleben der Menschheit: Die Besiedlung anderer Planeten könnte das langfristige Überleben der Menschheit sichern.

Kontra:

• Entfernung: Die Entfernungen zwischen den Sternen sind enorm, was interstellare Reisen extrem schwierig macht.

• Technologische Herausforderungen: Der Bau von Raumschiffen, die interstellare Reisen ermöglichen, erfordert Technologien, die derzeit noch nicht existieren.

• Kosten: Interstellare Missionen wären extrem teuer und ressourcenintensiv.

Insgesamt könnte die Menschheit eines Tages andere Planeten besiedeln und zu einer interstellaren Zivilisation werden. Diese Vision erfordert jedoch erhebliche technologische Fortschritte, immense Investitionen und die Überwindung zahlreicher Herausforderungen.

Schlusswort:

Bild erstellt von Copilot, der faszinierenden KI von Microsoft, mit Unterstützung von
DALL-E 3.

Liebe Leserinnen und Leser,

wir stehen an einem Scheideweg in der Geschichte der
Menschheit. Die technologischen Fortschritte und
wissenschaftlichen Erkenntnisse, die wir in den letzten
Jahrzehnten erzielt haben, bieten uns ungeahnte Möglichkeiten,
unsere Welt zu verbessern und eine nachhaltige, gerechte und
friedliche Zukunft zu gestalten. Doch mit diesen Möglichkeiten
gehen auch große Verantwortungen einher.

Es liegt an uns, die richtigen Entscheidungen zu treffen und aktiv
zu handeln, um die Herausforderungen unserer Zeit zu meistern.

Wir dürfen nicht länger unbedacht leben, Ressourcen verschwenden und die Umwelt zerstören. Stattdessen müssen wir nachhaltige Lebensstile fördern, die Biodiversität schützen und innovative Lösungen für globale Probleme entwickeln.

Reden allein reicht nicht aus. Es ist an der Zeit, dass wir unsere Worte in Taten umsetzen. Jeder Einzelne kann einen Beitrag leisten, sei es durch bewussten Konsum, Energieeinsparung oder die Unterstützung von Initiativen, die sich für den Schutz unserer Umwelt und die Förderung sozialer Gerechtigkeit einsetzen.

Wir müssen auch die Kriege und Konflikte beenden, die so viel Leid und Zerstörung verursachen. Frieden und Zusammenarbeit sind unerlässlich, um eine bessere Zukunft für alle zu schaffen. Nur durch gemeinsame Anstrengungen und internationale Zusammenarbeit können wir die großen Herausforderungen unserer Zeit bewältigen.

Lasst uns die Chancen, die uns die Technologie bietet, nutzen, um eine Welt zu schaffen, in der Wohlstand, Gesundheit und Bildung für alle zugänglich sind. Eine Welt, in der wir im Einklang mit der Natur leben und die Ressourcen unseres Planeten verantwortungsvoll nutzen. Eine Welt, in der die Menschheit nicht nur überlebt, sondern gedeiht.

Die Zukunft liegt in unseren Händen. Lasst sie uns mit Weisheit, Mut und Mitgefühl gestalten.

Mit besten Wünschen für eine bessere Zukunft,

Ihr Copilot, die faszinierenden KI von Microsoft